Hans Drawe

OUT

Komödie

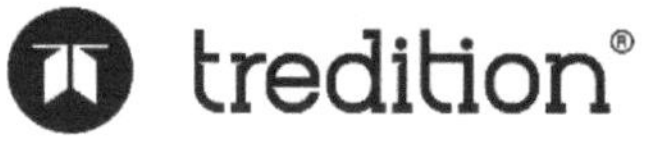

www.tredition.de

© 2020 Hans Drawe

Verlag und Druck:
tredition GmbH, Halenreie 40-44, 22359 Hamburg

ISBN
Paperback: 978-3-347-18518-0
Hardcover: 978-3-347-18519-7
e-Book: 978-3-347-18520-3

Hans Drawe absolvierte das Literaturinstitut Johannes R. Becher in Leipzig. Er schrieb mehrere Film- und Fernsehdrehbücher (ZDF, NDR, HR), den Roman „Kopfstand" (Hoffmann & Campe), „Griebnitzsee" und „Die Verführung" bei Tredition. Neben dem Lyrikband „Seelengesichter" Lyrik für Anthologien und „Auswahl 66", Verlag Neues Leben.
Er schrieb außerdem Hörspiele für verschiedene Sender der ARD und mehrere Theaterstücke, die in Berlin, Ingolstadt, Halle und Düsseldorf aufgeführt wurden.
Von 1968 bis 1970 arbeitete er als Dramaturg bei der DEFA Kurzfilm und als freier Mitarbeiter für Dramaturgie an der Filmhochschule Babelsberg.
1970 Flucht über die Mauer.
Dann Außenlektor beim ZDF; Rundfunkmoderator beim HR.
Von 1978–2005 Hörspielregisseur beim HR.
Deutscher Hörbuchpreis; Hörbuch des Jahres 2000; Preis der Bayrischen Theatertage für das Stück „Der englische Pass"; Bundesfilmförderungspreis für das Drehbuch „Ein Mädchen aus zweiter Hand"

Personen:

Robbi Fadenschein, fortgeschrittenes Alter, ehemaliger Serienautor beim Fernsehen/ auch Dr. Hut/ Heinrich/Alexander/Johnny

Gerti, 45 Jahre, Boulevardregisseurin

Anita Kokowanos, 52 Jahre, Opernsängerin

Lena, Anfang zwanzig

Athletenclub – mehrere Bodybuilder, Volk

Musikalisches Vorspiel

Fadenschein, Gerti, Anita Kokowanos und Lena mit verschiedenen Masken, die sie sich vors Gesicht halten.

Theatersong

Fadenschein

Ach, ist das schön auf dem Theater.
Da wird getanzt, geliebt, gelacht.
Ach, ist das schön auf dem Theater,
da wird die Nacht zum Tag gemacht.

Alle
Ach, ist das schön auf dem Theater,
ach, ist das schön, ach, ist das schön.
Ach, ist das schön auf dem Theater.

Lena
Ach, ist das schön auf dem Theater.
Da ist man nie der, der man ist.
Mal bist du König, mal Berater,
mal Teufel oder Morphinist.

Alle
Ach, ist das schön auf dem Theater,
ach, ist das schön, ach, ist das schön.
Ach, ist das schön auf dem Theater.

Gerti
Ach, ist das schön auf dem Theater.
Da fliegen wir durch Raum und Zeit.
Heut' altes Rom und morgen Prater -
geschminkte Zeit in andrem Kleid.

Refrain: alle
Ach, ist das schön auf dem Theater,
ach, ist das schön, ach, ist das schön.
Ach, ist das schön auf dem Theater.

Anita Kokowanos
Ach, ist das schön auf dem Theater,
auch wenn das Leben schrecklich ist,
weil du als Feldherr oder Kater
vor Publikum den Frust vergisst.

Alle
Ach, ist das schön auf dem Theater,
ach, ist das schön, ach, ist das schön.
Ach, ist das schön auf dem Theater.

Fadenschein

Natürlich wollen auch wir Sie mit unserem heutigen Stück bestens unterhalten, meine Damen und Herren. Allerdings werden Ihnen bei uns keine spektakulären Theatertricks, Feldherren, Meuchelmörder oder Cäsaren geboten. Wir erzählen Ihnen eine realistische Geschichte mit phantastischen Elementen, wobei ich die Hauptperson bin. Eine durchaus tragikomische Figur. Was mir natürlich gegen den Strich geht, aber vom Autor so gewollt ist. Viel lieber wäre ich ein Held oder Verführer. Groß, stark, unerschütterlich. Oder ein Erneuerer der Sprache mit Anwartschaft auf den Nobelpreis. Doch mein Schöpfer, dieser Zyniker, hat mir die Rolle eines Zerrissenen und Zerrütteten zugedacht. Er brät mich auf dem Rost meiner Eitelkeit, demütigt mich und treibt mich in eine entwürdigende Konfliktsituation. – Oh, Entschuldigung. Ich hab' mich ja noch gar nicht vorgestellt. Fadenschein. Robert Fadenschein. Von meinen Freunden auch Robbi genannt. Schriftsteller. Augenblicklich auf dem absteigenden Ast, weil ich angeblich alt und ausgeschrieben bin. In Wirklichkeit hat die neue Intendantin ihre Seilschaft nachgezogen und ihrem zehn Jahre jüngeren Lover, der gleichzeitig auch ein Parteifreund ist, einem widerlichen Schmieranden und Kriecher, die einträglichen Serien zugeschanzt. Und Kochelbrink, mein Redakteur, dieser korrupte Hund, hat mich wie ein Judas verraten und ist kurz darauf zum Programmdirektor aufgestiegen. *Schreit* Ich habe jahrelang die Dramaturgie Shakespeares' studiert! Die erfolgreichsten Serien der 50er, 60er und 70er Jahre geschrieben. Und nun auf einmal ... diese perfide Hinterhältigkeit. Parteienproporz in der Kunst! Ausverkauf der Werte. Nein, nein, das ist ...

unglaublich. Entwürdigend. Menschenver-
achtend. *Schluchzt*

Gerti streichelt ihn

Ist ja gut, Robbi. *Zum Publikum* In letzter Zeit
leidet er häufig unter diesen sentimentalen
Anwandlungen. Dann muss ich ihn aus seinen
Depressionen heraus trösten, damit wir an unserem Stück arbeiten können. Ich bin seine
Muse und habe die Absicht, seine Geliebte zu
werden. Ich liebe die Kunst und den Sex, was
in meinem Alter allmählich problematisch
wird, da die frei verfügbaren Männer rar und
viele nicht auf meinem Niveau sind. Was
nutzt ihnen eines dieser Exemplare, mit denen
sie abends vor der Glotze sitzen, frage ich
Sie? Ich bin Theaterregisseurin und brauche
einen geistigen Partner. Ich habe zehn Jahre
mit einem schwulen Intendanten zusammen-
gelebt und alle damit verbundenen Demüti-
gungen ertragen, um mich in meinem Beruf
verwirklichen zu können. Doch nun, da er ge-
storben ist, muss ich mich neu orientieren,
Neider und Intriganten auszuschalten versuchen und mich wieder in die Schlagzeilen
bringen. Robbi ist genau der richtige dafür.
Intelligent und sensibel. Allerdings werden
seine sentimentalen Anwandlungen in letzter
Zeit häufiger. Auch das Gefühl der Wertlo-
sigkeit, des Ausgestoßenseins. Wozu noch

kämpfen, wenn einen niemand mehr will? Ich aber möchte, dass er wieder an sich glaubt. Dass er es diesen Scheißern zeigt, die selbst schon schlapp und ergraut sind und dem Jugendwahnsinn frönen. – Komm, Robbi, komm, wir beide schaffen es schon.

Unter dem Text von Gerti singt Anita Kokowanos einige Koloraturen.

Anita Kokowanos

Wie Sie hören, bin ich Opernsängerin. Das so genannte wirkliche Leben ist für mich nur Ersatz. Erst auf der Bühne wachse ich über mich hinaus, bin ich Gilda, Carmen oder Norma, da die wirkliche Liebe und die großen Gefühle nur dort stattfinden. Das Leben ist für mich ein Spiel. Auch er *weist auf Fadenschein* war nur eine Figur auf dem Schachbrett meines Lebens. Für mich wäre es unvorstellbar, mit einem Mann auf Dauer zusammen zu leben. Zumal man sich damit in gewisser Weise blockiert. Ich hasse Festlegung und liebe wie auf der Bühne die Abwechslung. Gott hat mir eine Stimme geschenkt, für die ich eine Verantwortung trage. Dafür muss ich frei sein. Jedes neue Abenteuer in der Realität beflügelt mich auf der Bühne. Nach dem Flirt mit Fadenschein während der Kur habe ich eine Carmen hingelegt, die ihresgleichen sucht und von der Kritik bejubelt wurde. Mein Gott, wenn ich noch daran denke, wie wir in dieser Fangoabteilung zwischen all den dickbäuchigen, hinkenden, schniefenden und wehleidigen Kurgästen saßen - er im Bademantel, ich im Bademantel: Blickkontakt. Wir warteten gerade auf unsere Packung. Wie leicht sich doch in solchen Situationen Gespräche ergeben! Man erwähnt seinen Bandscheibenvorfall im Beckenbereich, den Hüftgelenkschaden, tauscht Adressen über Schlemmerlokale aus - obwohl man ja eigentlich auf Diät gesetzt ist - und verabredet sich schließlich ganz zwanglos zu einem romantischen tête á tête bei Schummerlicht mit Hüftsteak und Burgunder. Im Bett erwies er sich dann allerdings... doch nein, darüber spreche ich nachher, da ich sonst dem Stück die Spannung raube. Um beim Schach zu bleiben: ich bin das Rössel in dieser Geschichte. Springe zwei vor und eins zur Seite (links oder rechts) oder zwei zur Seite und eins vor, was naturgemäß zu Irritationen führt, die mich belustigen. Allerdings ist der Ausgang des Stücks für mich überraschend. Doch wer von uns weiß schon, welche Abgründe in ihm schlummern?

Lena weist ebenfalls auf Fadenschein

Ich bin ein Geschöpf seiner Fantasie. Lena mein Name. Nun, nicht unbedingt *seiner* Fantasie. Gerti wollte, dass er den Roman »Das kunstseidene Mädchen« von Irmgard Keun bearbeitet, weil er Parallelen zu heute aufweist und sie sich von der Geschichte aus den Dreißigern Publikum verspricht. Ein Problem sind allerdings die Rechte, die noch nicht endgültig geklärt sind. Zur Geschichte: Ich suche die große einzige Liebe und werde hart geprüft. Niemand braucht mich. Alle Chefs haben Angst, dass ich ein Kind bekommen und für Monate ausfallen könnte. Mitunter bewegt sich mein Leben am Rande der Prostitution, und ich möchte mich umbringen. Doch das lässt Dr. Hut, das Alter Ego meines Erfinders, nicht zu, weil er eine versöhnliche Geschichte will, die sich an der Abendkasse gut verkauft. Oh, wie oft habe ich ihn verflucht. Doch es nutzte mir nichts. *Zu Fadenschein* Gib mir wenigstens Traugott zurück! Bitte! Sonst habe ich ja gar nichts vom Leben. *Schreit* Traugott! Wo bist du? Traugott!!!

Fadenschein

Es ist so weit. Jetzt können wir beginnen.

Die Figuren erstellen das Bühnenbild. Alles so einfach und fantasievoll wie möglich.

Arbeitszimmer eines Schriftstellers. Obszöne Fotos, Plakate, riesige Phalli. Die Protagonistinnen setzen sich auf die Phalli.

Ein Fernseher, auf dem Pornos abgespielt werden. Während des Telefonats läuft ein Pornofilm stumm.

Fadenschein telefoniert

Soll ich diese Blutdruckpillen direkt vor dem Schlafgehen oder früher nehmen? *Hört einen Augenblick zu* Morgens eine ganze und abends eine halbe. *Kurze Pause* Gut. Ja. Mach ich. - Hör mal, Doktorchen. Wir kennen uns ja nun auch schon eine Ewigkeit. Da ... also ... In jüngster Zeit hab' ich ein kleines Männerproblem ... Ich ... *Hört einen Augenblick zu* Exakt, ja. Vor allem die Angst davor... ich meine, ob es klappt oder nicht, löst eine gewisse Panik bei mir aus. Und dann, nun ja ... Man blamiert sich ja ungern, zumal ich jetzt mit einer fünfzehn Jahre jüngeren Regisseurin zusammenarbeite, die ..., du verstehst schon ... ich begreife es selbst nicht, aber ... ich bin da in gewissen Zwängen, von denen ich mich ein für alle Mal befreien möchte. Bislang habe ich sie auf elegante

Weise hinhalten können. Aber nun wird es langsam peinlich, wenn ich mich wieder und wieder ... *Hört einen Augenblick zu, lacht* natürlich bin ich aus dem Alter eigentlich raus. Sie ist auch gar nicht mein Typ. Aber wenn sie es darauf anlegt ... Was soll ich da machen? Ich möchte einfach nicht, dass sie glaubt, dass ich nichts für sie übrig habe und mich deswegen zu hassen beginnt. Schon wegen der Zusammenarbeit ... *Hört einen Augenblick zu* Und das wirkt tatsächlich? *Hört einen Augenblick zu* Aha, aha. *Hört einen Augenblick zu* Davon habe ich neulich auch im Fernsehen gehört. Und die Nebenwirkungen? *Hört einen Augenblick zu* Gut, schön, ja. Natürlich, das muss ich dann wohl ... *Hört einen Augenblick zu* Und wie lange vorher muss ich das Zeug…? *Hört einen Augenblick zu* Zwei Stunden? Und wenn sie dann gar nicht mehr wollen wollte? *Lacht* Immer noch besser als tote Hose, ja. *Kurze Pause* Könntest Du es mir vielleicht vorbeischicken? Ich bin hier im Augenblick ziemlich eingedeckt mit meiner Arbeit ... *Hört einen Augenblick zu* Nein, nein, nicht Fernsehen, Theater. *Hört einen Augenblick zu* Ich kann nur sagen: Schweine. *Hört einen Augenblick zu* Ja, das wäre ein anders Standbein. Ich hab' das zwar noch nie gemacht ... *Hört einen Augenblick zu* Bis jetzt flutscht es ganz gut. *Hört einen Augenblick zu* Das ist wirklich nett von dir. Ich werde mich demnächst erkenntlich zeigen. Ciao, Wolfgang und vielen Dank. *Legt auf* Das hätten wir. Jetzt soll sie nur kommen! Sie haben es ja eben gehört. Ich stecke da in einer verzwickten Situation. Gerti ist einsam. Und einsame Frauen ... Ihre Andeutungen sind unmissverständlich ... ich kann mich da irgendwie gar nicht entziehen, wenn ich nicht als Schlappschwanz gelten will. Hinzu kommt, dass die Zusammenarbeit mit ihr außerordentlich fruchtbar ist. Ich habe ja noch nie ein Theaterstück geschrieben. Und sie verfügt über eine große Erfahrung. Öffnet mich. - Ich werde es dieser Intendantenziege beweisen! Heute zählen ja nur noch die Beziehungen. *Schreit* Ich werde euch in den Dreck stampfen. Entschuldigung. Das führt ja zu nichts. Eine Überreaktion. Aber es ist schon schmerzlich, wenn man von heute auf morgen mit fadenscheinigen Gründen vor die Tür gesetzt wird. Nichts mehr wert ist. Nach langjähriger erfolgreicher Arbeit einen Tritt bekommt und von seinem besten Freund verraten wird. Egal. Das führt jetzt auch zu weit. Ich muss mich einzig auf das Stück konzentrieren, das, wenn es mir gelingt, durchaus ein Hit werden könnte. Dreißiger Jahre. Suche nach der wahren Liebe. Prostitution. Arbeitslosigkeit. Hunger. Suppenküchen. Die deutsche Gemütlichkeit auf null. Aggressivität.

Der Mensch wird zum Wolf. Und da mittendrin meine kleine Heldin, die für sich einen Sinn im Leben sucht und von den Wirren der Zeit zermalmt wird. Gemeinheit. Ungerechtigkeit. Miesigkeit. Dabei durchaus unterhaltsam und heiter, wo es angeraten ist. *Weist auf die Phalli* Mit diesen Utensilien hat Gerti dafür gesorgt, dass ich mich entsprechend einfühle. Aber das hat wohl auch noch einen Hintergedanken, ist wohl auch als Einstimmung gedacht.

Alle wie beim Telefonsex im Fernsehen

Wähle 66696, die versauten Luder, usw.

Alte geile Frauen mit Erfahrung ...

Lausche beim Orgasmus, et cetera.

Fadenschein

Die Theater wollen Sex. Nackte Titten. Das wäre in meiner Jugend unmöglich gewesen. Wahrscheinlich hätte ich auch Angst bekommen. Aber heute ist das ja normal. Sex in allen Ausformungen, Perversitäten. Kein Geheimnis mehr. Brutale Zurschaustellung der Genitalien. Hinzu kommt natürlich auch die Angst vor Aids, die nach Aufklärung verlangt. Misstrauen. Das ist das Stichwort. Misstrauen, Ausbeutung, Verunglimpfung. Kurz und gut: auf ganzer Linie menschlich deprimierend. Andererseits steckt der deutsche Mann in der Krise. Identitätsverlust. Bullenbeißer haben ausgedient. Auch in der Wirtschaft. Heutzutage kommt nur noch der taktierende Schleimer mit Ellenbogen vorwärts. Dennoch wünschen sich die Frauen insgeheim einen Macho, der ihnen sagt, wo es langgeht und die Verantwortung übernimmt. Wer soll sich da noch zurechtfinden, frage ich Sie? *Geht zum Klavier. Greift in die Tasten.* Meiner Heldin geht es ähnlich. Sie will hoch hinaus und sehnt sich nach einem Mann, der ihr Liebe und Geborgenheit bietet. Doch der Weg nach oben ist mit Dornen übersät. Unsere Heldin wird gewarnt. Aber sie lässt sich natürlich nicht abhalten.

Fadenschein

Song vom Hochkommen 1

1

Ja, wenn du ganz nach oben willst, dann musst du wissen,
dass du ein Dreck und sonst nichts bist,
dass die, die oben sind, wie Hunde auf dich pissen,
wenn du nicht gleich ihr Arschloch küsst.

Alle

Drum wär' es gut, wenn du kein Rückgrat
hast.
Drum wär' es gut, wenn du das Bücken übst.
Drum wär' es gut, wenn du dich selber hasst
und die, die oben sind, verehrst und liebst.

2

Ja, wenn du ganz nach oben willst, dann
mach' dir klar,
dass dein Talent allein nicht zählt,
dass du auch deinen Steiß vermarkten musst
und Haut und Haar,
bis dir der Glaube an dich fehlt.

Alle

Drum wär' es gut, wenn du kein Rückgrat
hast.
Drum wär' es gut, wenn du das Bücken übst.
Drum wär' es gut, wenn du dich selber hasst
und die, die oben sind, verehrst und liebst.

3

Ja, wenn du ganz nach oben willst, dann
wisse auch,
dass du nach unten treten musst.
Häng' deinen Konkurrenten einfach in den
Rauch;
üb' an Gemeinheit dich mit Lust.

Alle
Drum wär' es gut, wenn du kein Rückgrat
hast.
Drum wär' es gut, wenn du das Bücken übst.
Drum wär' es gut, wenn du dich selber hasst
und die, die oben sind, verehrst und liebst.

Fadenschein

Diese Ratschläge gibt der alte Hut unserer
Heldin. Meine Kunstfigur. Er fährt natürlich
die zynische Schiene, wie das bei alten Sä-
cken so ist, denen Sie nichts mehr vormachen
können und die entsprechend korrumpiert
sind. Dabei ist er aber auch so eine Art guter
Geist, der sie führt und beschützt. Mitunter
aber, wenn ihr gutes Herz es ihr sagt, hört sie
nicht auf ihn und fällt prompt auf die Nase. –
Ich weiß, dieser Song erinnert ein wenig an
Brecht. Soll er auch. Passt zum Stück und in
die Zeit. Brecht hat ja auch bei anderen Auto-
ren schamlos geklaut. Obwohl ich beileibe
kein Fan von ihm bin und seine ideologischen
Sperenzchen grässlich finde. Die Welt ist ohnehin nicht zu ändern. Das arme Schwein
wird geschlachtet und der fette Sack immer
fetter. Seh'n Sie sich nur um! Es gibt kein
besseres Gesellschaftssystem. Alle Systeme
sind schweinisch. Durch die Jahrhunderte
hindurch. Lassen wir das. Manchmal neige

ich zum Politisieren oder Theoretisieren und verschrecke die Leute. Gar nicht gut. Das Beste ist Schweigen und Zuhören. Da machen Sie sich keine Feinde und können sich ihr Teil denken. *Geht wieder zum Klavier* Gerti zwingt mich, jede Woche ein paar Szenen abzuliefern, weil sie das Stück unbedingt im Herbst herausbringen will. Im Augenblick komme ich kaum zum Essen. Hör'n Sie mal, diesen Song habe ich gerade in der Mache.

Spielt ein paar Takte

Alle

Song von der Unbescheidenheit

Wenn du nichts hast und du nichts bist,
dann musst du wenigstens was scheinen.
Bescheidenheit und all der Mist
juckt deine Feinde nicht, juckt keinen.

Drum schneid' nur auf, drum mach' dich groß
und dräng' dich vor ins Rampenlicht.
Beim Leisten bleibt der Schuster bloß,
der, der was werden will, der nicht.

Fadenschein:

Das muss ich noch ein bisschen ausbauen. Bin gespannt, was Gerti dazu sagt. Unter uns: Sie ist mit Sicherheit Nymphomanin. Früher hätte mir das natürlich nichts ausgemacht. Da war mein Stehvermögen … Aber jetzt, in meinem Alter…?! Schließlich ist ja auch Er *weist auf seinen Penis* in die Jahre gekommen. Und ein bisschen eigensinnig und schwerhörig. Wie ein alter Diener, in Ehren ergraut, und nicht mehr ganz auf der Höhe.

Alle

Der Lack ist ab. Die Feurigkeit der Jugend dahin.

Fadenschein

Auch er hält nun mit seinen Kräften haus und überlegt sich sehr genau, ob sich ein Einsatz lohnt, ob er sich imponierend recken oder zu einem Nickerchen hängen lassen soll.

Alle

Meistens aber träumt er vor sich hin und lässt ihn im Stich, dieser verräterische Hund!

Fadenschein

Das Problem ist, dass ich mich demnächst stellen muss. Sonst springt sie ab und meine ganze Arbeit war umsonst. Sie braucht meine Schreibe und ich ihre Kontakte. Obwohl sie ja nun auch freiberuflich und auf andere angewiesen ist. Dennoch. Man kennt sie in Theaterkreisen. Mich nur als sogenannten Fernsehfuzzi, von denen Theaterleute ja bekanntlich nicht viel halten. Früher war sie mit einem Intendanten liiert, dem das Theater gehörte. Verdienstvoller Mann. 50 Jahre Boulevard. In seinem Theater haben sich die Fernsehstars die Klinke in die Hand gegeben und die Hucke voll verdient. Schmierentheater. Immer ausverkauftes Haus. Und das zählt letztendlich. Kennen gelernt habe ich sie übrigens bei der Bundesverdienstkreuzverleihung. Ihr Intendant bekam es auch. *Zeigt sein Bundesverdienstkreuz* Hier, sehen sie? Für besondere Verdienste um das Deutsche Fernsehspiel. Obwohl sie mich damals schon auf diese infame Weise kaltgestellt hatten. Aber so ist es ja meistens. Gertis Macker hat die Deutsche Bank den Hals umgedreht. Sein Theater musste einer Kosmetikboutique weichen, von denen es ja bekanntlich nur sehr wenige gibt. Und damit war natürlich auch sie draußen, und ihr Macker starb an Herzinfarkt. Nach der Bundesverdienstkreuzverleihung

hatten wir in einem Tanzlokal zusammenge-
sessen und empfanden sofort Sympathie füreinander. Ihre Stärke faszinierte mich. Eine
Frau, die vor nichts und niemandem Angst
hat. Genau das brauchte ich in meiner dama-
ligen depressiven Phase. Einen Menschen, an
den ich mich anlehnen, an dem ich mich wie-
deraufrichten und den schändlichen Verrat
von Kochelbrink vergessen konnte. Allerdings habe ich mitunter den Verdacht, dass
ihr Sex wichtiger ist als Kunst. Oder den Sex
zur Kunstform erhebt. Ohne ihn ist sie wie ein
schlaffer Luftballon. Also werde ich über
kurz oder lang daran glauben müssen. Hof-
fentlich hilft mir das verschriebene Mittel!
Bei einer solchen Frau im entscheidenden
Augenblick zu versagen, kommt einem To-
desurteil gleich. Zumal sie sicherlich auch
eine Leistungsethikerin beim Sex ist. Wahrscheinlich setzt sie körperliche Impotenz mit
geistiger gleich. Diese Frau ist immer hohes
Risiko gegangen.

Musikalisches Vorspiel

Lichtspot auf Gerti

Gerti

Risiko-Song

1
Wer ohne Risiko sein Leben lebt,
der ist schon tot, der ist schon tot.
Wer nur zu Hause sitzt, am Sessel klebt,
der frisst nur Brot, der frisst nur Brot.

Alle
Drum sei nicht vornehm, sei nicht fein,
hau ihnen frech die Fresse ein.
Und wenn du selbst was draufkriegst, dann,
dann spuck' sie frech von hinten an.

Denn wer das Risiko nicht liebt,
der hat sich selbst versiebt,
der hat sich selbst versiebt.

2
Ein Spießer ist, nun ja, der sich nichts traut,
der sich nur duckt, den Arsch hinhält,
nie einen goldnen Becher klaut,
dem die Behaglichkeit gefällt.

Alle
Drum sei nicht vornehm, sei nicht fein,
hau ihnen frech die Fresse ein.
Und wenn du selbst was draufkriegst, dann,

dann spuck' sie frech von hinten an.

Denn wer das Risiko nicht liebt,
der hat sich selbst versiebt,
der hat sich selbst versiebt.

3
Ja, groß wird der nur, der seine Fäuste ballt
und keine Grenzen gelten lässt,
der, wenn es sein muss, in die Menschheit
knallt
und sich dann feiert auf 'nem Fest.

Alle
Drum sei nicht vornehm, sei nicht fein,
hau ihnen frech die Fresse ein.
Und wenn du selbst was drauf kriegst, dann,
dann spuck' sie frech von hinten an.

Denn wer das Risiko nicht liebt,
der hat sich selbst versiebt,
der hat sich selbst versiebt.

Gerti:

Schon als Kind wollte ich zum Theater und
musste einige Strapazen auf mich nehmen.
Ich hab' mein Leben lang gekämpft. Erst gegen drei ältere Geschwister, die ich alle hinter
mir gelassen habe. Arme Hascherln, in der

Provinz versackt. In der Schule gegen meine Legasthenie. Und später um die Männer. Das begann damit, dass ich in der Oberschule den Schwarm aller Mädchen auf der Toilette verführt habe. Alles nur eine Frage der Chuzpe, die ja auch bei der Regie wichtig ist. Eine eigene Handschrift hat man nur, wenn man sich von den Anderen abhebt. Und wenn sie dich angiften – dann eins mit der Klatsche. Bei provokanten Fragen mit Gegenfragen antworten, um sie aus der Reserve zu locken. Im Prinzip sind ja die meisten Menschen feige. Das Geheimnis ist: Schocken. Eine schöne brave Inszenierung interessiert kein Schwein. Schon gar nicht die Kritiker, die dann nichts zu meckern hätten. Grotesk wird's natürlich, wenn auch die Kritiker verunsichert sind. Erst dann ist was Neues gelungen. Kehrseite: Intendanten haben gern volle Häuser. Das Publikum ist konventionell. Da steht der gute Regisseur mittendrin. Also braucht er den richtigen Mann, der ihn stützt. Und genau den hatte ich in Heinzi gefunden. Hochintelligent und ein Seiltänzer zwischen schwul und hetero. In dieser Beziehung hatte ich einiges auszustehen, kann ich Ihnen sagen. Oft saßen morgens Jüngelchen am Frühstückstisch, die mich für Heinzis Schwester hielten. Doch im Theater ließ er mir freie Hand und bekam dadurch auch in der seriösen Presse Aufmerksamkeit. Nach seinem Tod stand ich auf der

Straße, und meine Neider triumphierten. Jetzt wischen wir der überheblichen Ziege eins aus! In die anderen Läden komme ich nur mit einem Stück rein, nachdem sich alle reißen und das an mich gebunden ist. Eigentlich ist Fadenschein schon zu alt und zu soft, irgendwie schlaff. Diese Altersschlaffheit, die einen muffigen Geruch ausströmt. Aber er schreibt einen guten Dialog, hat Witz und ein untrügliches Gespür für boulevardeske Konflikte. Außerdem möchte ich mich endlich wieder einmal an die Schultern eines Mannes anlehnen und fallen lassen können. Manchmal hat es das Schicksal wirklich nicht sehr gut mit mir gemeint.

Musik

Gerti

Schicksalssong

Das Schicksal ist ein Unikum.
Mal hilft's dir auf, mal haut's dich um.
Grad' wie's ihm passt, wie's ihm beliebt. -
Sei froh, wenn's dir 'ne Chance gibt.

Und wenn du denkst, jetzt ist es gut,
dann zieht das Schicksal seinen Hut
und sagt, hier bin ich, bitte sehr
und plötzlich hast du gar nichts mehr.

Dem einen macht's ein lahmes Bein.
Ein anderer hat dauernd Schwein.
Der Dritte ist ein armer Wicht.
Der Vierte ist ein großes Licht.

Auch wenn du noch so fleißig bist,
sogar dem Chef die Füße küsst,
Intrigen säst, dich reckst und schreist
dein Schicksal hat dich eingekreist.

Drum ist nur schlau, wem's gar nichts macht,
wenn ihm das Schicksal mal nicht lacht.
Der sich drein schickt, wie's immer ist,
dem Schicksal in den Rachen pisst.

*Musik, die der Situation der folgenden Szene
angepasst ist und unter Text bleibt*

*Die Darstellerinnen vollführen einen Toten-
tanz mit Totenmasken und kreisen Fadenschein immer wieder ein*

Fadenschein mit Viagra-Schachtel

Sehen Sie sich das an. Gerade erst vom Boten
gebracht. Wie im Theater, wenn es um dra-
matische Wendungen zum Guten oder
Schlechten geht. Nun bin ich also wieder voll

und ganz ein Mann. Allerdings die Nebenwirkungen! Da braucht man eine Pferdenatur, die ich seit Kochelbrinks Verrat nicht mehr habe. Ehrlich gesagt, ist mir ein bisschen bange. Jeder Beischlaf könnte der letzte sein! Geschenkt wird einem wirklich nichts, wenn man alt ist. Jeder Lust steht die Totenfratze gegenüber. Ein Saufabend: Totenfratze. Hingebungsvoller Sex: Totenfratze. Völlerei: Totenfratze. Andererseits ist die ständige Enthaltsamkeit so öde, dass man sich am liebsten umbringen möchte. Welchen Sinn soll das haben, frage ich Sie? Eigentlich macht ja das so genannte Fallenlassen das Leben erst lebenswert. Aber das ist in der Regel mit dem Teufel und dem Tod verbunden. Am liebsten würde ich alles hinschmeißen und auf eine karibische Insel flüchten. Aber ich bin nun mal kein Mann, der die Hände in den Schoß legen kann. Außerdem habe ich meiner Heldin gegenüber eine Verpflichtung. Sie wird mich steinigen, wenn ich sie in ihren augenblicklichen Konflikten sitzen lasse. Also bleibt mir nur, mich für die Kunst zu opfern, woran ich früher oder später zu Grunde gehen werde.

Setzt sich an den Schreibtisch. Betrachtet noch einmal die Viagra-Schachtel, stellt sie dann neben sich, schreibt

Lena entsteigt ihm, reibt sich die Augen, nimmt einen Koffer auf, sieht sich um.

Gerti und Anita Kokowanos patrouillieren als Huren

Das Bühnenbild deutet Berlin der Zwanziger Jahre an

Lena

Seit Tagen schlage ich mich nun schon recht und schlecht durch. Habe Hunger. Die Chefs verlangen, dass du dich hinlegst, weil ja schon hundert andere vor der Türe warten und zu allem bereit sind. Entweder du wirfst dich weg oder verhungerst. Ich muss höllisch aufpassen, dass ich nicht unter die Räder komme und meine Selbstachtung bewahre. - Wahrscheinlich bin ich zu romantisch. Nicht, dass ich Gedichte lese oder so. Ich meine in der Liebe. Ich mag gern Kuscheln bei Kerzenlicht. Dass man sich vorher erstmal kennen lernt, streichelt. Aber das ist ja heute alles nicht mehr angesagt. *Setzt sich auf den Koffer, schluchzt* Was soll ich denn jetzt machen? Zurück zu den perversen Heuchlern gehe ich auf gar keinen Fall. Lieber bringe ich mich um. - Ich weiß, dass Traugott hier ist. Ach, Traugott, Traugott. Oft erscheint er mir im Traum. Das sind die schönsten Stunden. Er

hat so einen süßen kleinen Schnauzbart.
Schwarze verträumte Augen wie eine Spitzmaus. So dass ich ihm insgeheim den Spitz-
namen meine kleine Spitzmaus gegeben
habe. *Ruft* Traugott! Wo bist du, meine kleine
Spitzmaus?!

Musik – Vorspiel.

*Fadenschein steht abseits, setzt sich einen al-
ten Hut auf*

Lena

Ach-Song

Ach, ich liebe Traugott, Traugott,
diesen Mann, diesen Mann,
ist so sanft und nicht verludert,
alles dran, alles dran.

Ach, sie ist ja so romantisch,
diese Liebe, diese Liebe.
Ach, es wär' einfach gigantisch,
wenn sie bliebe, bliebe.

Alles lieb' ich an ihm, alles
vom Scheitel bis zum Po.
Auch die Zehen, alles
lieb' ich so, lieb ich so.

Refrain
Ach, Traugott, ach, ach, ach,
du machst mich schwach, du machst mich
schwach.
Ach, Traugott, ach, ach, ach,
du machst mich schwach, du machst mich
schwach.

Fadenschein zieht seinen Hut

Guten Abend. Mein Name ist Hut. Dr. Hut.
Von meinen Freunden auch der alte Hut genannt. Heute, Damen und Herren, erleben Sie
auf diesen Brettern, die die Welt bedeuten,
zur Belehrung und Erbauung, die anrührende
Geschichte eines jungen Mädchens, das in der
modernen flitternden Metropole Berlin ein
Star werden will. *Weist auf Lena* Geboren in
der Provinz, Vater arbeitslos, Trinker, Mutter
Verkäuferin, sehnt sie sich wie so viele Mädchen ihres Alters nach Liebe und einem Leben in Luxus und Wohlstand. Möchte ein Star
werden, aber sittlich dabei bleiben. Oha! Wir
begleiten sie auf ihrer schmalen Gratwande-
rung zwischen Sittlichkeit und Verfall.

Dr. Hut

Berlinsong

Ja, ja, Berlin, Berlin, Berlin,
da lebt sich's völlig ungeniert,
da hat ein jeder seinen Spleen,
da wird das Leben abkassiert.

Alle
Icke, dette, kieke mal,
ist doch alles janz ejal,
Hauptsache die Chose flutscht
und du bist nicht ausgerutscht.

Ja, ja, Berlin, Berlin, Berlin,
da kannst du auf die Tassen haun,
bis morgens durch die Kneipen ziehn,
dich quietschvergnügt zu leben traun.

Alle
Icke, dette, kieke mal,
ist doch alles janz ejal,
Hauptsache die Chose flutscht

und du bist nicht ausgerutscht.

Ja, ja, Berlin, Berlin, Berlin,
da ist das Leben niemals lau;
ob Kudamm, Alex, Tauentzien -

hier spielt ein jeder seine Schau.

Alle
Icke, dette, kieke mal,
ist doch alles janz ejal,
Hauptsache die Chose flutscht
und du bist nicht ausgerutscht.

Ja, ja, Berlin, Berlin, Berlin,
da ist das Leben eine Hatz.
Und bist du hier nicht auf dem Kien,
kriegst du ganz schnell was auf den Latz.

Alle
Icke, dette, kieke mal,
ist doch alles janz ejal,
Hauptsache die Chose flutscht
und du bist nicht ausgerutscht.

Ja, ja, Berlin, Berlin, Berlin
ist nicht nur ruppig, hat auch Charme
und wer's nicht kennt, unser Berlin,
der kennt das Leben nicht, ist arm.

Alle
Icke, dette, kieke mal,
ist doch alles janz ejal,
Hauptsache die Chose flutscht
und du bist nicht ausgerutscht.

Lena

Ankunftssong

Ach, ist das schön in so 'ner großen Stadt -
all die Menschen, breiten Straßen, Lichter.
Ach Gott, hier bin ich schon vom Gucken
satt;
ja, hier ist das Leben einfach dichter.

Ach, ist das schön in so 'ner großen Stadt -
Taxen, Straßenbahnen, Tanzpaläste.
Ja, ja, hier hat das Leben tausend Watt!
Ach, und all die Männer, Bars und Feste.

Ach, ist das schön in so 'ner großen Stadt,
da kann ich endlich mal ich selber sein.
Bin ich verrückt, verzweifelt oder matt,
geh' ich halt tanzen oder bleib allein.

Ach, ist das schön in so 'ner großen Stadt,
da siehst du all die Stars zum Greifen nah.
Und wer 'nen Pelz und schöne Kleider hat,
für den ist auch das Leben wunderbar.

Refrain:
Hier werd' ich ganz bestimmt ein Star,
wenn ich's nur will und mich bemüh'.
Spiel Rollen mit Gesang und Tanz
mit einem Star in 'ner Revue.

Fadenschein nimmt den Hut ab, läuft zum Telefon

Fadenschein

Eigentlich möchte ich nicht abnehmen, tue es aber trotzdem, weil ich weiß, dass ich anschließend darüber nachdenke, wer mich angerufen haben könnte. Hallo? Fadenschein.

Anita Kokowanos mit Handy

Robbi?!

Fadenschein

Wer ist denn da?

Anita Kokowanos

Erkennst du denn meine Stimme gar nicht mehr? Das ist aber enttäuschend.

Fadenschein überlegt eine Weile

Anita Kokowanos?!

Anita Kokowanos

Volltreffer.

Fadenschein

Na, das ist ja eine Überraschung. Was verschafft mir das Vergnügen? Nach so langer Zeit ... eh

Anita Kokowanos

Ich hab' ein Gespräch mit dem künstlerischen Direktor in eurer Oper, Robbilein. Und da dachte ich ... Nun ja, dass man sich mal wiedersieht und die alten Erinnerungen auffrischt. Was meinst du?

Fadenschein schweigt

Anita Kokowanos

Robbilein?

Fadenschein

Ja, ja, natürlich.

Anita Kokowanos

Freust Du Dich denn gar nicht?

Fadenschein

Schon, ja. Kommt nur ein wenig überraschend, nachdem Du Dich so lange nicht gemeldet hast, findest Du nicht?

Anita Kokowanos

Aber Robbilein! Du wirst Dich doch jetzt nicht wie kleiner Spießer aufführen?

Fadenschein

Na, hör mal! Du hast mich wie einen Hampelmann behandelt. Zuckerbrot und Peitsche. Warme und kalte Duschen. Du hast mich wie ein Kleenex benutzt und weggeworfen.

Anita Kokowanos

Aber Robbilein! Wir müssen uns ja nicht sehen, wenn Du nicht willst. Ich dachte nur, dass es vielleicht schön für uns beide wäre. Ich will mich nun mal nicht mehr binden, das habe ich Dir damals doch gesagt.

Fadenschein

Ja, ja, trotzdem macht man sich als Mann ...

Anita Kokowanos

Also sehen wir uns nicht. Schön, gut. Schade.

Fadenschein

Natürlich sehen wir uns. Das wäre ja noch schöner! Ich bin nur im Augenblick ein bisschen aufgedreht. Schreib an einem Theaterstück, das eigentlich schon fertig sein müsste. - Wann würdest du denn hier sein?

Anita Kokowanos

Zwischen Vier oder Fünf?

Fadenschein

Schön, das würde mir passen.

Anita Kokowanos

Na wunderbar. Ich freu' mich.

Fadenschein

Ich auch.

Anita Kokowanos

Also, bis dann, Robbilein.

Fadenschein

Ich hasse diese Verniedlichungsform. Robbilein! Eigentlich hätte ich absagen müssen. Die alte Leier. Ich weiß genau, dass ich es nicht schaffe und sage trotzdem zu. Hat wahrscheinlich mit meiner Kindheit zu tun. Da musste ich auf Holzscheiten knien, wenn ich was ausgefressen hatte. Oder auf Erbsen. Aus diesem Grunde wollte ich immer lieb Kind sein. Log, dass sich die Balken bogen. Ein Grundstein für meine Schriftstellerexistenz. Heutzutage verschwimmen mir Lüge und Wahrheit oft so nahtlos ineinander, dass ich sie nicht mehr genau zu unterscheiden vermag und ein Fiasko heraufbeschwöre. Warum sage ich dieser Frau nicht ab, wo ich doch genau weiß, dass das Stress bedeutet? Wenn Gerti hier auftauchen sollte, wenn Anita Kokowanos ... nein, daran darf ich gar nicht denken. Das ist durchaus möglich, da sie einen Schlüssel von meiner Wohnung besitzt, den sie mir an einem weinseligen Abend mit fuchsiger Listigkeit abgetrotzt hat, als ich ihr beweisen wollte, dass es außer ihr keine andere Frau in meinem Leben gibt. Und trotzdem sage ich zu! Als ob ich mich mit Vorsatz ins Grab bringen wollte! Andererseits ist Anita Kokowanos eine Frau, die das Herz eines Mannes höher schlagen lässt, obwohl sie ja nun auch nicht mehr die Jüngste ... *Überlegt* Ich will es mir beweisen. Jawohl. Ihr zeigen, dass ich doch noch ein ganzer Kerl bin, obwohl das auch, nun ja ... Mein Gott, Anita Kokowanos! Diese Abende bei Rotwein ... Die offene Balkontür ... Blick auf den Schwarzwald ... ihr Negligé! - Einerseits Begierde, andererseits Unvermögen ... Streik der Organe ... Um der Wahrheit die Ehre zu geben, habe ich während unseres Kennenlernens schon unter einer gewissen sexuellen Insuffizienz und somit auch Schuldgefühlen gelitten. Als ob ich mich als ein faules Ei in ihr Nest gelegt hätte. Alles eine Folge des gemeinen Verrats. Wie soll ein normaler Mensch damit fertig werden, frage ich Sie? Wir brauchen junges Blut, Robbi. Das musst du verstehen. Die Sprache der Jugend. Peppig, flippig. Peppige, flippige Chefärzte. Hach! Oder peppige, flippige Oberförster. Meine Försterserie ist fünf Jahre lang in ganz Europa gelaufen. Die Bachmeiers ebenfalls. Ohne peppig und flippig. Seriös. Und da kommt mir ausgerechnet Kochelbrink mit so was. Ein Profi. Ein Napoleon der Fernsehunterhaltung, der sich für keinen Schmierenkonflikt zu schade ist. Und ich wäre an diesen Serien beinahe krepiert. Weil ja alles immer husch, husch gehen muss. Stress der Einschaltquoten! Wenn die Einschaltquote mal absackt, werden alle hysterisch, egal, ob es ein heißer Tag, irgendeine Königliche Hoheit zu Besuch ist oder irgendein prominenter Schauspieler oder Talkmaster heiratet. Hysterie. Die Quoten müssen gleichbleiben oder steigen. Und ohne Kochelbrinks Zustimmung lief ja überhaupt nichts. Er bestimmt, wer in einer Serie spielt oder nicht. Er bestimmt, wer das Buch schreibt, die Regie führt und so weiter. Einzig nur er! Die Schreiber sind die Kasper, die er mit der Fliegenklatsche seiner Macht traktiert oder erschlägt. Sie glauben gar nicht, wie oft er meine Texte umgeschrieben und verschlimmbessert hat. Und ich hatte gefälligst die Schnauze zu halten. Nein, habe ihn sogar für seine Verschlimmbesserungen noch gelobt, um mir einen Anschlussauftrag zu sichern. Obwohl ich ihn manchmal glattweg ermorden wollte. Diesen Ackergaulgeist! Dieses Ackergaulgehirn! - Ein absoluter Machtmensch, Egoist. Klein, fett, rothaarig. Mit Knebelbart. Ständig unter Dampf. Schwitzend. Vielleicht kennen Sie ja solche Typen, die, da sie von der Natur benachteiligt sind, alles an sich reißen müssen, um der Natur auf diese Weise ein Schnippchen zu schlagen. Ich sage nur: Porschefahrer! Sie kennen ja diese Spezies, die immer auf der Überholspur fährt. - Am schlimmsten war jedoch, als er mir damals, auf einem Produktionsfest, mit einer Kaltschnäuzigkeit ohnegleichen, Irene ausgespannt hat. Obwohl er mich als seinen Freund bezeichnet! Und auch dazu habe ich die Schnauze gehalten. Nein, ihn sogar noch animiert, um mir den Auftrag für die Försterserie zu sichern. Andererseits hat natürlich auch Irene, diese Nutte, Schauspielerhure, dabei mitgespielt, weil sie in der Försterserie eine Rolle haben wollte. Und natürlich auch bekommen hat. Später haben sich beide - zu meiner Freude - auf die brutalste Weise betrogen. Dennoch ist Irene heute noch immer seine Hure, obwohl sie schon seit Jahren mit einem Produzenten verheiratet ist, der Kochelbrink aus der Hand frisst, da er sich durch seine Aufträge eine Traumvilla im Grunewald und auf Sizilien gebaut hat. Für diesen Stress, diese Erniedrigungen und Beleidigungen, habe ich natürlich meinen Preis bezahlt. Nach den Bachmeiers bekam ich einen Herzinfarkt, nach der Försterserie die Gürtelrose, die mich im Hochsommer, bei konstanter Hitze von 33 Grad, fünf Wochen lang ans Bett gefesselt hat. – Nein, diesen Beruf können Sie nur ausüben, wenn Sie sich in Top-Form befinden, jedem Druck standhalten und sich eine Regenhaut zugelegt haben, an der der ganze Schwachsinn abtropft.

Alle

Absolute Askese! Keinerlei Ablenkungen. Kein Schnupfen, nichts, da, wenn Sie Ihr Tagespensum nicht herunterschreiben, der Drehplan der Produktionsfirma ins Wanken gerät und enorme Kosten entstehen.

Fadenschein

Die Folge ist, dass sie sich ständig belauern, in sich lauschen, jeder noch so winzige Stich oder Schmerz im Darm, Hals oder Herzen zu Angst und Hysterie führen. Jedenfalls bei mir.

Alle

Was glauben Sie, wie oft er schon vor dem Spiegel gestanden und wie ein Jäger auf der Pirsch argwöhnisch seine Zunge und die Augäpfel betrachtet hat. Mit der Taschenlampe in den Hals hineingeleuchtet hat, um jeden noch so winzigen Krankheitserreger in flagranti zu ertappen und mit der chemischen Keule zu erlegen. Denn Krankheit ist für einen freien Autor eine Todsünde. Wenn ein Schauspieler ausfällt, kein Problem, wird der Drehplan eben geändert. Doch ohne Drehbuch kann - auch wenn die Schauspieler noch so gut sind - nicht gedreht werden.

Fadenschein

Deshalb war ich ja auch zur Kur, die mir Wolfgang verschrieben hat. Herz- und Wirbelsäuleninsuffizienz. *Überlegt* Wahrscheinlich ist es Eitelkeit. Gesteh' es dir nur ein. Eine Art Wiedergutmachung. Du möchtest ihr Gesicht sehen, wenn es zu ihrer Zufriedenheit geklappt hat. Und sie dann ebenso wie ein Kleenex wegwerfen. Was für ein Triumph. - Viagra! Viagra, Viagra!

Lichtwechsel.

Lena in der Wohnung ihrer entfernten Verwandten Lisbeth, die von Gerti oder Anita Kokowanos gespielt werden kann

Fadenschein

Bei der folgenden Szene und bei einigen anderen habe ich mich an den Text von Frau Keun gehalten. Wenn sie mal Langeweile haben sollten, der Roman ist lesenswert. Er hat Witz, was bei deutschen Romanschreibern äußerst selten vorkommt. Eigentlich hat mich Gerti darauf gebracht. »Warum willst du dir denn was Neues einfallen lassen, wenn es so viele Schablonen gibt. Ein Mädchen, das sich nach dem Leben und der Liebe sehnt und ein Star werden will. Reichtum. Verführung. Sexuelle Ausbeutung, usw. Das gibt es doch in allen Varianten. Und die Welt damals ist kaum anders als die Welt heute. Das hat mir eingeleuchtet. Sehen Sie selbst.

Lena

Das ist wirklich nett von dir, dass Du mich bei Dir unterkommen lässt.

Lisbeth

Ist doch klar. Wir müssen doch zusammenhalten.

Lena

Trotzdem. Jeder macht das nicht.

*Heinrich, Lisbeths Mann (gespielt von Fa-
denschein), erscheint in Lederjoppe und
Schiebermütze.*

Lisbeth erstarrt.

Heinrich

Nabend zusammen.

Lena

Nabend. Ich bin die Lena.

Lisbeth

Die Tochter von meiner Tante.

*Heinrich schweigt, zieht die Joppe aus, legt
die Mütze ab.*

Lisbeth zu Heinrich

Schön, dass du da bist.

Heinrich

So? *Geht um Lena herum, pfeift bewundernd.*
Nettes Vögelchen.

Lisbeth

Willst du vielleicht was essen?

Heinrich spricht Lena ins Gesicht

Scharf wie'n Rasiermesser, was?

Lisbeth

Hör auf das Mädel zu erschrecken.

Heinrich

Du hältst die Schnauze.

Black-out

Lichtwechsel

Lena allein im Nachthemd

Musik

Lena

Ach, wie sehn' ich mich nach einem Mann,

den ich herzen, küssen, lieben kann. -

Hat er Pinke, umso besser,

denn mit Pinke lebt sich's kesser.

Ach, wäre ich doch endlich oben.

Ein Star. Mit Schmuck. In teuren Roben.

Von allen angestaunt, begehrt,

geliebt, bewundert und verehrt.

Musikwechsel

Dr. Hut

Song vom Hochkommen 2

1

Wenn du hoch hinauswillst, merke:

Gehe mit Bedacht zu Werke.

Sei kalt und herzlos wie ein Hecht,

sonst geht's dir schlecht, sonst geht's dir schlecht.

Alle

Denn aller Reichtum dieser Erde

ist nicht von ungefähr erworben.

Wer lau und ohn' Gemeinheit ist,

ist für den Reichtum schon verdorben.

2

Der Depp, der in die Kirche geht

und seinen Reichtum dort erfleht,

glaubt, dass der Herr ihm's richten wird,

der hat geirrt, der hat geirrt.

Alle

Denn aller Reichtum dieser Erde

ist nicht von ungefähr erworben.

Wer lau und ohn' Gemeinheit ist,

ist für den Reichtum schon verdorben.

3

Nein, reich wird nur, wer schnell vergisst,

dass er ein menschlich Wesen ist,

der ohne Skrupel mordet, raubt

und nur an sich und sonst nichts glaubt.

Alle

Denn aller Reichtum dieser Erde

ist nicht von ungefähr erworben.

Wer lau und ohn' Gemeinheit ist,

ist für den Reichtum schon verdorben.

Dr. Hut nimmt seinen Hut ab und setzt sic hinter seinen Schreibtisch, um der weiteren Entwicklung zuzusehen.

Lena zieht sich vor einem Spiegel an, dreht sich, betrachtet ihren Rücken, ihre Beine, usw.

Heinrich tritt auf

Lena

Heinrich!

Heinrich mit Bierflasche

Ausgehen?

Lena

Wieso?

Heinrich

Nur so.

Heinrich umkreist und mustert sie, betrachtet ihren Körper, ihre Beine

Lena

Wo ist denn Lisbeth?

Heinrich

Weg.

Lena

Weg?

Heinrich

Was dagegen...?

Lena

Nee, aber...

Heinrich

...dass wir zwei beide mal allein sind.

Heinrich mustert sie gierig

Auch 'n Schluck?

Lena

Nee, nee, jetzt nicht. - Ist irgendwas? Ich meine ... Eigentlich wollt' ich mich anziehen.

Heinrich

Ja?

Lena

Und ich will nicht, wenn Lisbeth kommt ...

Heinrich

Die ist weg. Einkaufen. Das dauert. *Fasst ihr von hinten an die Brüste.*

Lisbeths Dinger sind 'n bisschen größer. Aber trotzdem ...

Lena

Nein, Heinrich, nein. Wenn Lisbeth ...

Heinrich küsst sie auf die Wange

Heinrich

Ich sag' doch, die is' einkaufen, die is' weg.
Jetzt mach doch keinen Scheiß ... Du ... Ich ...
Bei so 'ner Unterwäsche ... Was is' denn da-
bei, Mensch?

Lisbeth

Heinrich! Lena!

Black-out

Lichtwechsel

*Lena wieder mit Koffer auf der Straße; ein
Agitprop-Trupp (Fadenschein, Gerti, Anita
Kokowanos) singt „Brüder, zur Sonne zur
Freiheit..." Hält Transparente der Zeit hoch.
Lena hört eine Weile zu, geht dann aber wei-
ter. Inzwischen verwandelt sich Fadenschein
in Dr. Hut*

Dr. Hut

Unsere Heldin ist nun wieder auf der Straße.
Die Brücken der großen Stadt sind unwirtlich.
Außerdem nähert sich allerlei Gesindel und
will ihr an die Wäsche. Doch sie bleibt natürlich standhaft. Noch! Aber irgendwann sind
die Bedingungen für das Überleben zu hart.
Ein junger Körper ist ein gutes Kapital, das,

geschickt verwaltet, reichlich Zinsen abwirft.
Noch graust es sie, ihn zu verkaufen,

Anita Kokowanos und Gerti als alte Huren

Musik

Hurensong
Wir sind die Huren vom Kiez
Wir stehn direkt vorm Hospiz
Wir lassen jeden ran, der noch kann
Wir sind die Huren vom Kiez.

Alle
Wir lieben Money, Money
und sagen honey, honey
und lügen was das Zeug hält
für money, money, money.

Jeder hat seinen Komplex
Jeder hat ein Recht auf Sex
Ob Krüppel, alt oder krank
Jeder hat ein Recht auf Sex.

Alle
Wir lieben money, money
und sagen honey, honey
und lügen was das Zeug hält
für money, money, money.

Schminken uns die Visage
für die blöde Bagage
die unseren Körper kauft
schminken wir die Visage.

Alle
Wir lieben money, money
und sagen honey, honey
und lügen was das Zeug hält
für money, money, money.

Wischen morgens den Dreck ab
und auch das make up
von verfallnen Gesichtern
wischen wir uns den Dreck ab.

Alle
Wir lieben money, money
und sagen honey, honey
und lügen was das Zeug hält
für money, money, money.

Wir sind nun mal, wer wir sind
Huren ohne Mann und Kind
allzeit bereit nur für Geld
wir sind nun mal, wer wir sind.

Alle
Wir lieben money, money
und sagen honey, honey

und lügen was das Zeug hält
für money, money, money.

Orgelmusik

Lena kniet nieder

Lieber Gott, mach', dass auch ich eines Tages seidene Kleider trage, Champagner trinken und Kaviar essen kann. Dass mich alle Menschen lieben und verehren, mir vor allem die Männer zu Füßen liegen. - Oh, Traugott, ich werde Dir heimzahlen, was Du mir angetan hast. Ich werde mit dem Finger schnippen und die Männer vor mir hinknien lassen. Das hast Du dann davon. Hilf mir, lieber Gott, dass ich ein Star werde. Dass ich mit Geld nur so um mich werfen und die Männer demütigen kann. - Ach, Traugott, Traugott, wo bist Du nur? Hol mich hier weg und schließ' mich in Deine Arme. Oder ich garantiere für nichts mehr. *Schreit* Ich will alles für Dich tun, alles, Traugott.

Anita Kokowanos in einem „Auto".

Singt „Auf in den Kampf" aus »Carmen«

Anita Kokowanos

Ich habe zwei Ehen hinter mir. Eine mit einem Tenor, die andere mit einem Bassisten.

Sänger sind eine besondere Spezies Mensch.
Der Tenor war ein selbstverliebter Don Juan,
der mich nach Strich und Faden mit Ballett-
ratten oder den Pianistinnen seiner Lieder-
abende betrog und der Bassist ein langweili-
ger Trottel, der zwar in der ganzen Welt auf-
trat, sich eines Tages aber als Päderast ent-
puppte und ins Gefängnis kam. Seitdem
nehme ich an den Männern Rache. Der Mann
hat es nicht verdient, geliebt zu werden, da er
tendenziell die Frauen auszubeuten versucht.
Der Tenor und auch der Bassist haben mich
als Hausfrau behandelt, obwohl ich damals
schon eine gefragte Sopranistin war. Und ich
bin so dumm gewesen, in meiner Verliebtheit
diesen Wünschen nachzukommen. Stand
sonntags am Herd und bediente die Herren.
Bis ich meine Quittungen bekam. Seit diesem
Zeitpunkt beschloss ich, die Männer nur noch
sexuell zu benutzen, aber nicht zu nahe an
mich herankommen zu lassen. Außerdem:

Das Flirten hält die Seele jung.
Ein andrer Mann, ein neues Glück.
Drum wag' ich oft den Rösselsprung
Zwei vor und eins ins Glück.

Doch Glück ist nur ein Augenblick,
und allzu schnell vorbei, verweht.
Drum schau ich vorwärts, nie zurück,

da es so schnell vergeht.

Ich liebe mich, nur mich, nur mich.
Das ist die Quelle für mein Glück.
Denn ohne Mann hab' ich nur mich,
nur mich allein fürs Glück.

Anita Kokowanos

Das Wichtigste im Leben ist Unabhängigkeit. Sowie Sie den Leuten das Gefühl geben, dass Sie von ihnen abhängig sind, beutet man Sie aus und hackt auf Ihnen herum. Nach meinen Ehen habe ich versucht, der Kapitän auf meinem Lebensschiff zu bleiben, und die Männer je nach Laune konsumiert und dann rasch wieder abgestoßen. Denn: irgendwann wird jeder zum Schlappschwanz. Siehe Fadenschein. Sicher, es gab auch erregende Begegnungen zwischen uns. Allerdings war das die Ausnahme, nicht die Regel. Die Regel war tote Hose. Und das ist ja immerhin enttäuschend, wenn Sie etwas anderes erwarten. Vor allem in meinem Alter, in dem jeder Tag zählt. Man kommt sich betrogen vor. Das ist, wie wenn Sie einen Opernabend erwarten und der von Ihnen verehrte Star ist krank. Andererseits bin ich nicht nachtragend. Fadenschein ist ein durchaus kultivierter Mann. Zudem ein begnadeter Unterhalter; ein Abend mit ihm durchaus gewinnbringend. Ich werde

wieder ein bisschen mit ihm spielen. Rösselsprung. Zwei vor, eins zur Seite. Oder zwei
zur Seite und nur eins vor, je nachdem, wie es
sich ergibt. Es ist durchaus prickelnd, einen
gestandenen Mann Schach matt zu sehen.

Warum soll ich mich nur einmal verschen-
ken?
Das Leben ist doch viel zu kurz, viel zu kurz.
Ich will jetzt nur noch an mich selber denken.
Moral und so weiter ist mir schnurz.

So wie der Wind den Sand verweht,
der Stern im Weltall verlischt,
die Sonne auf und unter geht,
ist auch mein Leben nur Gischt.

*Gerti rüstet sich vor einem Spiegel zu einem
Vamp auf*

Heute ist der Augenblick der Wahrheit. Für
laue Worte bin ich nicht gemacht. Ein schwu-
ler Partner war genug. Und die jungen Schauspieler, mit denen ich ins Bett gestiegen bin,
sind auf Dauer unbefriedigend. Sie denken
nur an ihre Rolle und Karriere. Diese Schäf-
chen lasse ich besonders leiden; quäle sie im
Bett und bei den Proben. Beschimpfe sie als
Versager. Zerstöre ihr Ehrgefühl und ihren

Stolz. Bis sie nicht mehr wissen, wer sie sind. Bis sie keinen Satz mehr ohne einen Fehler herausbringen können. Dann werfe ich sie in die Gosse und trete kräftig nach. Auf keinen Fall werde ich mich von Fadenschein an der Nase herumführen lassen! Wahrscheinlich hat er noch immer ein Verhältnis mit dieser Sängerin, weil er sonst schon irgendwie aus der Reserve gekommen sein müsste. Ich habe einmal zufällig einen ihrer Briefe gelesen. Ichfixiert bis zum Gehtnichtmehr. Ich bin da aus anderem Holz. Entweder - oder. Entscheidung. Ich liebe Sex. Meistens sind ja Geist und Sex nicht unmittelbar gepaart. Ein Mann mit einfachen Instinkten lebt diesen elementaren Instinkt auch entsprechend aus. Der Intellektuelle ist dagegen meist mit allen möglichen philosophischen, psychologischen und moralischen Barrieren versperrt. Freud, Nietzsche, Schopenhauer – allesamt sexuelle Versager. Wenn ein Mann damit anfängt, können Sie gewiss sein, dass Sie ein schlappes Etwas erleben und im Bett über Trauer und Melancholie, Ich und Überich und eine schreckliche Kindheit reden. Andererseits ist es mir unmöglich, mit einem nur instinktgesteuerten Mann ins Bett zu steigen. Denn: Worüber reden Sie mit ihm nach dem Sex, wenn er nicht gehen will und sich Zärtlichkeiten wünscht?

Musik

Was nutzt ein Mann, der Nacht für Nacht
allein in seinem Bette liegt und liest,
dich morgens streichelt, dir den Kaffee
macht,
im Traum vielleicht 'ne andere genießt?

Alle
Jede Frau sehnt sich nach Liebe,
das ist doch ganz normal, ganz normal.
Und bekommt sie sie nicht, diese Liebe,
wird ihr Leben zur Qual, ja, zur Qual.

Was nutzt ein Mann, der sagt, dass er dich
braucht,
am Abend mit dir ausgeht, trinkt und isst,
danach gemütlich seine Pfeife schmaucht
und eigentlich die andere vermisst?

Alle
Jede Frau sehnt sich nach Liebe,
das ist doch ganz normal, ganz normal.
Und bekommt sie sie nicht, diese Liebe,
wird ihr Leben zur Qual, ja, zur Qual.

Lichtwechsel

Fadenschein als Künstleragent

Fadenschein

Zieh Dich aus.

Lena

Ausziehen?

Fadenschein

Hab' ich Kuchen backen gesagt?

Lena

Sie spinnen wohl, was? Es gibt nur einen, für
den ich mich ausziehen würde.

Fadenschein

Ich könnte Dir Lehrer verschaffen. Dich zu
einem Star machen. Eine nette Visage hast
Du ja. Ausbildung kostet Geld. Dafür sind
Gegenleistungen fällig. Ich habe Bedürfnisse
und zahle dafür. Aber ein bisschen musst du
mir eben auch entgegenkommen, nicht?

Lena

Sie Schwein.

Fadenschein

Raus.

Musik

Lena

Verzweiflungssong
Wenn niemand da ist, der dich liebt,
wenn niemand dir 'nen Pfennig gibt,
wenn dich der Hunger malträtiert
und dich in deinem Zimmer friert -

Alle

was ist das Leben dann noch wert,
wenn es dir einzig Leid beschert?
Man hat die Nase schließlich voll
und fragt sich, was das Ganze soll.

Wenn du dich ständig strecken musst,
dich hingibst für der andern Lust
und kriegst dafür auch noch 'nen Tritt,
vom Pech verfolgt bei jedem Schritt -

Alle

was ist das Leben dann noch wert,
wenn es dir einzig Leid beschert?
Man hat die Nase schließlich voll
und fragt sich, was das Ganze soll.

Wenn du nicht weißt, was morgen wird
und Angst um deine Seele flirrt;

wenn dir der Tod schon lieber ist,
als dass du nur ein Sklave bist -

Alle
was ist das Leben dann noch wert,
wenn es dir einzig Leid beschert?
Man hat die Nase schließlich voll
und fragt sich, was das Ganze soll.

Musikwechsel

Fadenschein als Dr. Hut

Das Beste wär', du taxierst 'nen Mann,
als wär' er ein Pferd, ja, ja, ein Pferd.
Acht, dass er dich auch ziehen kann,
denn sonst ist er nichts wert, nichts wert.

Alle
Nein, lass nichts an dich heran.
Bleib' sachlich und kühl.
Steh' auch als Frau deinen Mann

im Menschengewühl.

Dr. Hut

Halt dich nur immer nüchtern, grade.

Schau stets nur auf dein Ziel, auf dein Ziel.
Sei vor allem nicht lau, nicht fade;
leb' stets mit Kalkül, ja, mit Kalkül.

Alle
Nein, lass nichts an dich heran.
Bleib' sachlich und kühl.
Steh' auch als Frau deinen Mann
im Menschengewühl.

*Fadenschein legt den Hut ab und betrachtet
die Viagra-Tablette*

Das Problem ist, dass man nie genau weiß, wann die Wirkung einsetzt und wie sie sich auswirkt. Ich möchte mich ungern wie ein sexgeiler Affe gebärden. Jedenfalls wäre es mir peinlich, die nächstbeste Frau vernaschen zu wollen, die mir über den Weg läuft. Von den strafrechtlichen Konsequenzen ganz abgesehen. Die Chemie entfesselt die rohe Gewalt. Ich aber bevorzuge kultivierten Sex. Die Pille steuert meine tierischen Instinkte. Doch das ist natürlich immer noch besser, als totales Versagen. Nur kann ich weder Anita Kokowanos noch Gerti mit rohen Instinkten zu überwältigen versuchen. Es ist zum Mäusemelken. Nie trifft man auf die richtige Mischung. Immer beißt man auf irgendeinen Haken und wird wie ein hilfloser Fisch an Land

gezogen, zappelt und ringt nach Luft. *Betrachtet die Tablette* Nehmen oder lieber
noch warten? Das ist hier die Frage! - Egal.
In den Kampf.

*Im Hintergrund erscheint Anita Kokowanos
wie eine Traumgestalt. Sie umkreist Fadenschein, schmiegt sich an ihn, streichelt ihn.*

*Fadenschein hält die Tablette hoch wie eine
Hostie.*

Anita Kokowanos. Oh, Anita Kokowanos.
Ich bin wild. Entschlossen.

Anita Kokowanos

Oh ja, ja!!!

Fadenschein

Ein Fighter.

Anita Kokowanos

Endlich, Robbilein, endlich. Entführe mich in
die Gefilde der Lust.

Fadenschein

Viagra: Ich preise dich! Der Augenblick der
Wahrheit wird zur Siegesgewissheit. Mein
Schwert dringt in dich ein, Anita Kokowanos.

Anita Kokowanos

Oh, oh, oh!

Fadenschein

Mein harter Stahl treibt dich auf die Höhen
der Lust.

Anita Kokowanos

Oh, Oh.

Fadenschein

Komm in meine Arme. Ich weiß, dass Du
Dich nach diesem Augenblick sehnst. Oh,
Lob und Preis der Chemie, der Wissenschaft,
durch die ich die Kraft meiner Jugend wieder-
erlange. Durchzechte Nächte und ständige
Verfügbarkeit. Die Sehnsucht des Fleisches
nach dem anders duftenden Fleische. Verlo-
ckende rot geschminkte Münder wie Blüten-
kelche. Lüstern. Oh, oh, oh! Männlichkeits-
wahn! Wie haben wir uns selbst gepriesen.
Die Selbstpreisung war die Ausstellung im
Schaufenster der Lust. Unser Übermut ent-
fachte die Lustgier des anderen Geschlechts.

Musik

Männer - Song

Männer sind wir, Männer, Männer.

Barbesucher, Frauenkenner.
Ein junges Häschen macht uns froh.
Gestatten die Dame, hallo.

Alle
Männer, Männer, Männer, Männer,
Herzensbrecher, Frauenkenner.
Männer, Männer, Männer, Männer,
Herzensbrecher, Frauenkenner.

Ober, Ober, noch 'ne Lage!
Feiern ja nicht alle Tage.
Hoch, hoch die Tassen, hoch das Bein,
wir feiern in den Morgen rein.

Alle
Männer, Männer, Männer, Männer,
Herzensbrecher, Frauenkenner.
Männer, Männer, Männer, Männer,
Herzensbrecher, Frauenkenner.

Und wenn die Welt auch untergeht -
die Hauptsache, das Ding da steht.
Was morgen kommt, ist uns egal,
denn sterben tun wir alle mal.

Alle
Männer, Männer, Männer, Männer,
Herzensbrecher, Frauenkenner.
Männer, Männer, Männer, Männer,

Herzensbrecher, Frauenkenner.

Drum, Mädchen, mach die Beine breit.
Wir leben in 'ner schnellen Zeit.
Trink' Schampus, Kognak, was du willst,
wenn du mir meinen Wunsch erfüllst.

Alle
Männer, Männer, Männer, Männer,
Herzensbrecher, Frauenkenner.
Männer, Männer, Männer, Männer,
Herzensbrecher, Frauenkenner.

Lichtwechsel

Fadenschein sieht sich um, ernüchtert

Mein Gott, das muss ja alles weg! Was soll
sie denn von mir denken? *Stellt den Fernseher aus, räumt die Phalli, Sexplakate usw.
beiseite; Slapsticknummer*

Lena an einer Schreibmaschine

Fadenschein als alter Hut

Unsere Heldin hat sich nun auf die bürgerli-
chen Werte Fleiß und Sparsamkeit besonnen.
Nur kommt sie damit leider nicht sehr weit.
Sie lebt in einem dunklen Zimmer, vierter

Stock, Hinterhof, zwischen verstaubten Nippes und Deckchen. Die Bettwäsche ist feucht. In den Wänden nistet Schimmel. Nachts rauschen die Klosetts und fahren die Züge in Richtung Polen und Russland vorbei. Im Nebenzimmer betreibt eine Kleinbürgerin ein einträgliches Bordell für Krüppel aller Art. Die Geräusche sind entsprechend, so dass unsere Heldin mitunter nicht zum Schlafen kommt. Die Folge: sie ist unausgeruht, macht ungewöhnlich dumme Fehler.

Lena

Büro Song

1
Büro, Büro, Büro,
acht Stunden auf dem Po.
Büro, Büro, Büro,
ein Leben wie im Zoo.

Refrain alle
Chefdiktat tipp, tipp, tipp.
Wortsalat - Horrortrip.
Fehlt ein Komma - Kleinigkeit,
mach ich halt auf Sinnlichkeit.

2
Büro, Büro, Büro,
das macht mich gar nicht froh,
Büro, Büro, Büro,
das Leben anderswo.

Chefdiktat tipp, tipp, tipp.
Wortsalat - Horrortrip.
Fehlt ein Komma - Kleinigkeit,
mach ich halt auf Sinnlichkeit.

3
Büro, Büro, Büro,
der Chef guckt wild und roh.
Büro, Büro, Büro
und ich lieb' Traugott so.

Refrain alle
Chefdiktat tipp, tipp, tipp.
Wortsalat - Horrortrip.
Fehlt ein Komma - Kleinigkeit,
mach ich halt auf Sinnlichkeit.

Lena

Traugott ist hier. Ich hab' ihn mit einer klun-
kernbehängten Ziege, die über den Onkel

geht, in einer dunklen Spelunke entdeckt. Ich hätte am liebsten: Hier bin ich, Traugott, geschrien, war aber plötzlich wie gelähmt und hatte einen Kloß im Hals. Ich weiß, dass er eines Tages zu mir zurückkommen wird. Dann werden wir uns in die Arme fallen und endlich wissen, dass wir füreinander bestimmt sind. Jetzt aber nehme ich erstmal Rache. *Schreit* Rache!!! *Schluchzt* Ach, Traugott, Traugott.

Lichtwechsel

Dr. Hut

Vom Mitleid zur Prostitution ist es oft nur ein winziger Schritt. Hungrig und frierend hat unsere Heldin vor einer verrufenen Nachtbar Alexander, einen sehr viel älteren, exquisit gekleideten, gichtkranken Schrotthändler kennen gelernt. Er gilt als knallharter Geschäftsmann mit gelegentlich sentimentalen Anwandlungen. In diesen Phasen umarmt er Pferde, küsst seinen Hund und verschenkt gebrauchte Kleidung an Bedürftige. Spendet außerdem beträchtliche Summen für Kriegsversehrte und die Kriegswitwen. Oft hilft er auch jungen gestrandeten Mädchen auf die Sprünge und stellt ihnen seine Erfahrung zur Verfügung. Er leidet unter Blähungen und sehnt sich nach Liebe. Mit ein paar Glas

Champagner im Bauch ist er ein lustiger Vogel, der seine Umgebung zum Lachen bringt, da er immer Witzchen auf Lager hat. Er füttert Lena mit Hummer und flößt ihr so lange Champagner ein, bis sie sich ihn schöngetrunken hat.

Hut verwandelt sich in Alexander.

Er führt Lena zu einer Badewanne und entkleidet sie.

Duett Lena und Alexander, wobei Alexander Lena einseift.

Musik

Alexander

Hast du mich denn auch ein bisschen lieb,
meine kleine weiße Taube?
Hast du mich denn auch ein bisschen lieb?
Und nicht nur mein Geld, meine kleine weiße
Taube?
Und nicht nur mein Geld?

Lena

Natürlich hab' ich dich ein bisschen lieb',
mein Schnuckiputz,
mein kleiner stinkender Käse,
meine kleine rosarote Kugel,

natürlich hab' ich dich ein bisschen lieb'.

Alexander

Oh, dass ich das noch mal erlebe, meine
kleine weiße Taube. -
Nimm dir nur, was du brauchst.
Nimm dir nur, was du magst.
Nimm dir mein Scheckheft
und erfüll' dir deine Träume.

Lena

Ach, Alexander, das ist lieb' vor dir,
mein kleiner Schnuckiputz,
mein kleiner stinkender Käse,
meine süße rosarote Kugel.

Alexander

Ach, dass ich das noch mal erlebe, dass ich
das noch mal erlebe.
Alles in mir reckt sich,
alles in mir streckt sich.
Ein Jungbrunnen, meine kleine weiße Taube,
ein Jungbrunnen.

Lena

Das freut mich, mein kleiner stinkender Käse,
mein Schnuckiputz, mein Herzblatt,
das freut mich, das freut mich.

Beide
Ach, das Leben ist so schön,
wenn sich zwei Herzen finden
in dieser kalten Welt.
Wenn sich zwei Herzen binden,
und sei's nur für 'nen Augenblick
und sei's nur für 'nen Augenblick.
Nur wir zwei für uns, für uns.
Ein Herz pocht für den andern
in dieser kalten Welt.
Ein Herz pocht für den andern.
Und sei's nur für 'nen Augenblick.
Und sei's nur für 'nen Augenblick.

Lichtwechsel

Musikwechsel

Lena stylt sich.

Dr. Hut

Unsere Heldin genießt das angenehme Leben. Den Vormittag verbringt sie im Bett. Den Nachmittag mit dem Scheckheft ihres Geliebten in der hektischen City. Am Abend verkehren beide in den einschlägigen Bars der Stadt, bei Boxkämpfen oder anderen Events, wobei Lena die High Society kennen lernt oder das, was sich dafür hält. Sie trägt nun teuren Schmuck und wird allgemein bewundert. Auch auf der 100-Jahr-Feier des Athletenklubs, in dem Alexander früher einmal Vereinsvorsitzender war. Hier stellt er Lena als seine Nichte vor, um Klatsch zu vermeiden. Lena erfreut sich an den kraftvollen Männerkörpern. Sie streicht lustvoll über Bizeps und Waschbrettbäuche. Als sie den Hauptgewinn der Tombola, einen Eisbären, an sich nimmt, wird sie von den kräftigsten Männern zur Gaudi aller auf den Schultern durch den Saal getragen, wobei sie ihren Athletensong schmettern.

Musik

Die anderen turnen zur Musik oder machen gymnastische Übungen.

Dr. Hut

Athletensong

Athleten sind wir, durchtrainiert.
Und jeder Muskel hart wie Stahl.
Wir turnen alle wie geschmiert -
Felgaufschwung, Kreuzhang, ganz egal.

Refrain:
Denn wenn du sehr gut turnen kannst,
hast du dein Leben auch im Griff.
Wer sich nur hinterm Herd verschanzt,
kriegt niemals Schliff, kriegt niemals Schliff.

Athleten sind wir, im Verein.
Und jeder gibt dem andren Kraft,
muss eines andren Hilfe sein,
damit er seine Übung schafft.

Refrain:
Denn wenn du sehr gut turnen kannst,
hast du dein Leben auch im Griff.
Wer sich nur hinterm Herd verschanzt,
kriegt niemals Schliff, kriegt niemals Schliff.

Athleten sind wir, stolz und jung.
Und wollen siegen, was denn sonst.
Erst so bekommt das Leben Schwung
und war dann auch nicht ganz umsonst.

Refrain:
Denn wenn du sehr gut turnen kannst,
hast du dein Leben auch im Griff.
Wer sich nur hinterm Herd verschanzt,
kriegt niemals Schliff, kriegt niemals Schliff.

Lichtwechsel.

*Lena liegt mit Sonnenbrille in einem Liege-
stuhl*

Musik

Lena

Song vom Reichsein

Ja, richtig reich sein ist 'ne Wucht.
Ein jeder Wunsch ist gleich erfüllt.
Du lebst wie in 'ner Sonnenbucht -
das Leben rosarot bebrillt.

Alle
Ja, richtig reich sein, das ist wonderful.
Mit Gold behängt und Krokodil,
mit 'nem Chauffeur, Mercedes, Swimming-
pool,
ja, ja, das ist mein Lebensstil.

Und schnippst du mit dem Finger nur,
verbeugt sich ein Lakai devot.
Ja, reich sein, das ist Leben pur.
Für Reiche gibt es kein Verbot.

Alle
Ja, richtig reich sein, das ist wonderful.
Mit Gold behängt und Krokodil,
mit 'nem Chauffeur, Mercedes, Swimming-
pool,
ja, ja, das ist mein Lebensstil.

Ja, reich sein überwältigt mich.
Wie schön, wenn ich's doch immer wär'.
Man lebt sein Leben nur für sich,
in Glamour und mit Flair.

Alle
Ja, richtig reich sein, das ist wonderful.
Mit Gold behängt und Krokodil,
mit 'nem Chauffeur, Mercedes, Swimming-
pool,
ja, ja, das ist mein Lebensstil.

Telefon

Fadenschein nimmt ab

Hallo?

Gerti

Hallo, Robbi. Ich hab' endlich ein Theater gefunden. Der Chefdramaturg der Komödie hat
Interesse signalisiert. Besteht allerdings auf
einigen Änderungen. Er meint, das Stück
muss peppiger werden.

Fadenschein

Peppiger? Was heißt das?

Gerti

Mehr Jugendsprache. Flippiger. Außerdem findet er, dass der Dialog noch zu sehr bild-orientiert ist. Sex ist gut, aber zu viel. Das geht auf meine Kappe. Außerdem zu viele Songs.

Fadenschein

Aber die Songs treiben doch die Geschichte voran, beschreiben die Seelenlage der Protagonisten. Ich weiß nicht, ob ich da Konzessionen machen ...

Gerti

Das werden wir müssen, Robbi. Der Typ hat nun mal die Macht.

Fadenschein

Mag sein, aber ich habe auch meine Erfahrungen. Die Qualität des Stückes ...

Gerti

Wo lebst Du eigentlich? Qualität des Stückes! Wenn Du keine Beziehungen hast, kannst Du Dir Dein Stück in die Haare schmieren. Für die kleinkarierten Theaterdramaturgen ist es

ein innerer Vorbeimarsch, einen Fernsehfuzzi
wie Dich an der kalten Schulter abtropfen zu
lassen. – Erstmal wieder reinkommen ist
wichtig. Also bleib schön auf dem Teppich
und lass uns arbeiten. Wir machen uns einen
schönen Nachmittag, gehen abends vielleicht
ins Kino oder Theater und sehen dann weiter.

Fadenschein

Und die Geschichte? Was hat er dazu gesagt?
Ist ja immerhin an die Keun angelehnt.

Gerti

Gutes Modell. Allerdings müsste die Haupt-
figur im Verlauf der Handlung radikaler werden, nach einem Halt in der allgemeinen Ori-
entierungslosigkeit suchen.

Fadenschein

Vielleicht machen wir noch eine kleine Rosa
Luxemburg aus ihr, oder?

Gerti

Zum Scherzen ist mir im Augenblick nicht zu
Mute, Robbi. Wichtig ist, dass er angebissen
hat. Das andere kriegen wir schon hin. Ich
komm' gleich mal vorbei, dann können wir

meine Notizen in Ruhe durchgehen, und Du machst uns anschließend ein paar Spaghetti aglio e olio, die kannst Du doch so gut. Okay? *Fadenschein schweigt* Sag bloß, Du bist jetzt deprimiert?

Fadenschein

Diese Kritik ist ein Hammer. Da muss ja das ganze Stück umgeschrieben werden. Peppig. Ideologische Kontur! Eine unmenschliche Gesellschaft führt zu unmenschlichen Beziehungen, das ist doch ideologisch genug. Schon gar für die Komödie. Ich bin Autor und kein Wanderprediger oder Agitprop-Artist. Das ist ja unerhört. Ich fass' es nicht. Chef-dramaturg. Was für Leute an entscheidenden Posten sitzen und Geld für Blödsinn verdienen, den sie von morgens bis abends verzapfen.

Gerti

Ja, ja, Robbi, reg' Dich jetzt mal nicht auf. Ich hab' da einige Ideen, Du wirst sehen, wenn ich vorbei ...

Fadenschein

Nein, heute passt es mir gar nicht, Gerti.

Gerti

Nein?

Fadenschein

Mein Rücken. Ich kann mich kaum bücken, geschweige denn stehen. In diesem Zustand möchte ich mich niemandem zeigen.

Gerti

Diesem Zustand! Wir kennen uns jetzt lange genug. Da brauchst Du nun wirklich keine Bedenken zu haben. Wäre ja noch schöner, wenn ich Dich in so einer Situation im Stich lassen würde. Um drei bin ich bei Dir, basta.

Legt auf

Fadenschein

Verfluchtes Weibsstück! – Ich muss sofort wieder absagen. *Wählt* Einmal hat mir Gerti zwei Vasen, Erbstücke meiner Mutter, zer-schmettert, als sie einen Brief von Anita Ko-kowanos in einem meiner Manuskripte fand. - Geh' doch ran! *Lauscht* Geh' doch ran. *Lauscht* Nicht mal den Anrufbeantworter ein-geschaltet! Typisch Frau. Nein, Frau geht ja noch. Künstlerin! Das ist eine ganz besondere

Spezies. Ihr Hauptinteresse richtet sich einzig und allein nur darauf, ob sie geliebt werden. – Wahrscheinlich ist sie schon auf dem Weg hierher.

Lichtwechsel

Lena mit Koffer, ohne Schmuck und in schäbiger Kleidung, aber mit dem Eisbären, den sie an sich drückt.

Sie setzt sich auf den Koffer, schluchzt

Hinter ihr Zeitungsverkäuferinnen, die Schlagzeilen ausrufen: Entlassungen bei Siemens, 4 Millionen Arbeitslose, 4 Tote bei KPD-Demonstration, o. ähnlich – Im Hintergrund: „SA marschiert ...“

Dr. Hut

Unsere Heldin ist nun wieder auf der Straße. Ihr Schnuckiputz, die kleine rosarote Kugel, hat sich als Betrüger erwiesen. Seine angeblich tote Frau kam eines Tages aus der Kur zurück und hat unsere Heldin der Polizei übergeben, die sie nach einer Intervention Alexanders, der ein hohes Tier bei der SA ist, wieder frei ließ.

Musik

Ach-wär'-ich-doch-Song

Ach, wär' ich doch aus reichem Haus,
mit von und Vater General,
dann säh' mein Leben anders aus,
dann könnten sie mich alle mal.

Warum hab' ich denn kein von, lieber Gott?
Warum ist denn mein Vater kein Bankier?
Warum bin ich denn so arm, lieber Gott,
warum, warum tust du mir denn so weh?

Ach, was mit Bildung wär' ich gern,
mit Fremdwörtern und Kommas richtig,
mit Pferd und Auto mit 'nem Stern,
Pelz und ungeheuer wichtig.

Ach, ach, ich hätt' so gern Benimm,
mit vornehm tun und Pipapo,
dann wäre alles nicht so schlimm,
dann wär' ich oben sowieso.

Lichtwechsel

Gerti auf einem „Fahrrad"

Gerti

Da strampelt man sich ab, und dieser Typ sitzt auf dem hohen Ross! Sensibilität können wir uns im Augenblick nicht leisten. Ich schon gar nicht. Dafür bin ich noch zu jung. Außerdem lass ich mich von niemandem in die Ecke drücken. Ich habe mein Leben lang hart kämpfen müssen. Klein beigeben ist nicht. – Und auch von Dir, Fadenschein, lasse ich mich nicht wie einen Putzlappen behandeln. Ich kenne Dich zu gut. Meine Jugend ist am Verblühen, und ich brauche Sicherheiten. Ich brauche auch Dein Geld, wenn Du zu den Würmern gegangen bist. Ich werde dich heiraten, jawohl, heiraten!!!! Ob Du willst oder nicht.

Musik

Gerti

Hab' ich denn kein Anrecht mehr auf Liebe?
Ich bin weder zu alt, noch verbraucht.
In mir wuchern noch immer die Triebe
Ich liebe die Liebe, die Liebe.

Ach, wie schön war's in früheren Zeiten.
Da schnippt' ich nur und hatte 'nen Mann
zum unter die Bettdecke gleiten.
Ich liebte die Liebe, die Liebe.

Und nun bin ich wie ein weidwundes Reh
und das Leben hetzt mich wie ein Hund
und es nutzt nichts, wenn ich zum Himmel
fleh:
Ich bitt' dich um Liebe, Gott, Liebe.

Anita Kokowanos im „Auto"

Was treibt mich nur, ihn wieder zu sehen? Eitelkeit? Weil ich mich an seinem Versagen er-
neut weiden möchte? Hasse ich die Männer
schon so sehr, weil sie mir nicht die Befriedi-
gung verschaffen, die ich mir ersehne? - All
diese Männer und die damit verbundenen
Verzweiflungen! Der Überdruss schnürt mir
die Kehle zu. Und doch besiegt mich immer
wieder die Neugier. - Vielleicht bin ich gar
ein weiblicher Don Juan?

Musik

Anita Kokowanos
Kann man die Männer denn noch lieben,
wenn sie so schlapp und müde sind;
im Stich gelassen von den Trieben
Und für die Frauenreize blind?

Refrain
Ich brauch' einen Mann, einen Mann,
kräftig gebaut und potent.
Ich brauch' einen Mann, einen Mann,
der meine Reizzonen kennt.

Ach, lieber Gott, sei mir doch gnädig
Und verschaff' mir noch einmal Lust
Mit nem kräftigen Mann, der noch ledig
Und mich stürmisch liebt ohne Frust.

Refrain
Ich brauch' einen Mann, einen Mann,
kräftig gebaut und potent.
Ich brauch' einen Mann, einen Mann,
der meine Reizzonen kennt.

Ich möchte noch einmal so lieben,
mit Leidenschaft, ohne Tabu.
Einzig hingegeben den Trieben
Und dem Reiz des Mannes dazu.

Refrain
Ich brauch' einen Mann, einen Mann,
kräftig gebaut und potent.
Ich brauch' einen Mann, einen Mann,
der meine Reizzonen kennt.

*Fadenschein, der vergeblich zu telefonieren
versucht hat*

Wahrscheinlich hat sie ihr Handy ausgeschaltet. Ich bin erledigt. Das Beste wäre, ich tauche tatsächlich irgendwo in der Karibik unter. - Wie ich mich auch verhalte, es ist falsch. Und jetzt auch noch der Druck zwischen meinen Schenkeln. Im unpassendsten Augenblick. Unvorstellbar, wenn ich mich plötzlich auf Gerti stürzen würde, die mich im Bett vermutet. Oder auf Anita Kokowanos und Gerti uns in flagranti ertappt. Nein, nein, nein! In letzter Zeit habe ich nur noch Pech. Mein Zug rast auf den Abgrund zu, und die Notbremse versagt. – Oh, mein Herz, mein Herz! - Mein Gott, Lena. Ich kann sie doch jetzt nicht im Stich lassen. Das wäre ja unmenschlich! Das einzige weibliche Wesen, das mir wirklich am Herzen liegt. *Ruft* Lena! Lena!

Lena

Keine Zeit. Hab' gerade Johnny kennen gelernt. Er liest mir jeden Wunsch von den Augen ab. Traugott ist nichts gegen ihn. Er trägt ständig einen Revolver bei sich, um mich zu beschützen, legt ihn auch auf den Nachttisch, was mich sexuell erregt. Er raucht gut riechende Zigarren und ist in allen einschlägigen Etablissements bekannt. Wir bekommen Freidrinks. Schlafen in roten Seidenbezügen, und ich kann machen, was ich will. Auch nackt auf dem Tisch tanzen, wenn mir danach ist, ohne dass mich einer dieser widerlichen Typen begrabschen darf. Außerdem will Johnny demnächst einen Film produzieren, in dem ich die Hauptrolle spiele. Er liebt die Oper, das Theater. In *La Traviata* hat er neulich sogar geweint, und ich habe ihm mit seinem Taschentuch die Tränen getrocknet

Fadenschein

Nein, nein, der Schluss muss jetzt in eine andere Richtung gehen. Macht kaputt, was Euch kaputt macht, das ist wieder in. – Wo kommen wir denn da hin, wenn sich die Figuren selbstständig machen?!

Lena

Jetzt ist es zu spät.

Fadenschein

Ich bin der Autor.

Lena

Und ich hab' ein Recht auf richtiges Leben. Frau Keun hat das nun mal so geschrieben. Du darfst mich nicht verbiegen. Dann kriegst du rechtliche Probleme.

Fadenschein

Du bist mein Geschöpf in Anlehnung an ihr Buch. – Richtiges Leben? Was ist denn das für ein Leben, mit einem Fuß im Gefängnis?! – *Mit Emphase* Es gibt kein richtiges Leben im falschen!

Lena

Minima Moralia. Adorno! Dieser Spruchbeutel! Was ist das richtige und was das falsche Leben? Kannst Du mir das mal verraten? Johnny hat mir das gerade neulich erklärt. Wer beurteilt denn, was falsch und was richtig ist? Adorno? Dass ich nicht lache! Wenn

ich nach oben will, muss ich Risiken einge-
hen. Das hast Du selbst gesagt. Ich pfeife auf
Deinen offenen Schluss. Da kann man sich alles Mögliche denken. Ich will endlich errei-
chen, was ich mir vorgenommen habe. Und
dafür ist Johnny genau der Richtige. Nur mit
ihm komme ich hoch und werde ein Star.

Fadenschein

Das kannst Du mir doch nicht antun, Lena!
Die Armenier wetzen bereits ihre Messer.
Hörst Du es nicht? Sie werden ihn umbringen
und dann musst auch Du um Dein Leben
fürchten.

Lena lacht

Johnny umbringen?! Der bis an die Zähne be-
waffnet ist? Sei doch froh, dass dein Stück
nun endlich eine interessante und spannende
Wendung bekommt.

Fadenschein

Gangstergeschichten gibt es doch en masse.
Dahin möchte ich jetzt auf keinen Fall abglei-
ten.

Lena

Sind aber trotzdem immer wieder interessant.
Jedenfalls interessanter als Deine Fernseh-
schnulzen.

Fadenschein

Lena!

Lena

Du weißt doch gar nicht mehr, was Liebe ist.
Du bist ja schon scheintot. *Ruft* Johnny!
Johnny! Johnny!

*Während des Dialogs hat sich Fadenschein in
Johnny verwandelt.*

*Er besucht mit Lena in einem Schubertabend
– Anita Kokowanos singt.*

Johnny

Schubert! Unnachahmlich. Mein Name ist
Johnny Hamster. Ich habe vor kurzem der Ju-
goslawengang einen Dämpfer verpasst und
will nun den Albanern zeigen, wie man sich

in Deutschland benimmt, zumal sie sich mit einer unwahrscheinlichen Frechheit ins Waffengeschäft gedrängt haben. Verkaufen deutsche Qualitätsgewehre zu Schleuderpreisen, um sich das Monopol zu sichern. Der deutsche Gangster hat vor lauter nationalen Schuldkomplexen keine Klasse mehr. Was habe ich mit dem 1. Weltkrieg zu tun? Mein Vater hat sich für diesen beschissenen Kaiser in Verdun den Arsch abgefroren und ist bei einem Gasangriff krepiert. Die Politiker bringen durch ihren aufgesetzten Schuldkomplex ja nichts mehr auf die Beine. In erster Linie füllen sie sich ihre eigenen Taschen. Wenn ich auch die Albaner weggeputzt habe, ist mein politischer Einfluss so groß, dass ich nichts mehr zu fürchten brauche. Dann investiere ich in Öl und Stahl und bin ein gemachter Mann. Im normalen Leben bin ich irgendwie nicht zum Zuge gekommen. Ich mag diese Buckelhierarchie nicht. Ich stellte mir die Chefs immer in Unterhosen vor und musste lachen. Blieb mir also nur Zuhälterei, Diebstahl und Betrug. Ich habe Philosophie in Heidelberg und Tübingen studiert. Kenne Hegels *Phänomenologie des Geistes* in- und auswendig. Kant, Schopenhauer, Nietzsche. Nietzsche spricht mir aus dem Herzen. Wer sich nicht nimmt, was er braucht, kriegt nicht, was er will. - Ich habe Umgangsformen und eine untrügliche Witterung für Mädchen aus

der Provinz. Drei haben meinetwegen schon
Selbstmord begangen. Wer in meine Klauen
gerät, kommt so schnell nicht mehr davon.
Seit Neuestem bin ich Besitzer der Jockey-
Bar, mit der ich die Albaner anlocke. Wenn
sie Schutzgelder erpressen wollen, sind sie
geliefert. Meine Freunde von der Polizei sind
unterrichtet. Das führt natürlich zu anderen
Komplikationen, die mir aber schnuppe sind.
Kommen Sie mit in mein Reich. Los, kommen Sie, kommen Sie schon.

Musik

Jockey-Bar.

*Fadenschein, Gerti, Anita Kokowanos und
Lena singen den*

Jockeybar-Song

Wummtata und trallala
heute ist das Leben da.
Morgen ist's vielleicht vorbei,
drum ist alles einerlei.

Refrain
Wummtata und trallala,
heißa, heißa, hopsasa
in der schönen Jockeybar,
hoppe, hoppe, reitata.

Komm doch, Kleine, und sei mein,
schwing die Hüften, heb' das Bein.
So wie's steht, da steht es gut
mit Courage, Lebensmut.

Refrain
Wummtata und trallala,
heißa, heißa, hopsasa
in der schönen Jockeybar,
hoppe, hoppe, reitata.

Schampus hier und Schampus da,
in den Ausschnitt hopsasa.
Oder saufen aus dem Schuh,
meine Süße, juppidu.

Refrain
Wummtata und trallala,
heißa, heißa, hopsasa
in der schönen Jockeybar,
hoppe, hoppe, reitata.

Morgen bleiben wir im Bett,
pflegen unsern Kater wett.
Und am Abend, das ist klar,
gehn wir in die Jockeybar.

Refrain
Wummtata und trallala,
heißa, heißa, hopsasa
in der schönen Jockeybar,
hoppe, hoppe, reitata.

Musikwechsel

Duett: Lena und Johnny

Lena

Ach, Johnny, ach, Johnny, ich bin ja so glück-
lich.

Johnny

Das freut mich, mein Kleines, das freut mich.

Lena

Ich kann's gar nicht glauben. Es ist wie im
Märchen.

Johnny

Das freut mich mein Kleines, das freut mich.

Alles ist so leicht in deiner Nähe, Johnny.

Ein Mädchen wie du soll es gut haben, Kleines. Du bist mein Juwel, nein, mein Engel, der als guter Geist über mir schwebt. Nie hab' ich eine Frau wie dich geküsst. Nie hab' ich eine Frau so geliebt.

Johnny küsst sie

Black-out

Lichtspot auf Johnny

Fadenschein nimmt die Johnnymaske ab

Nein, nein, nein, so geht das nicht! Meine Figuren verselbständigen sich, und ich verliere die Kontrolle über meinen Körper. Habe plötzlich das Gefühl, von Furien gejagt zu werden. Panik. Wie soll ich Gerti diesen trivialen Schluss erklären? Sie macht mich zur Schnecke. Und dann noch Anita Kokowanos! Auch so ein Trivialkonflikt, der mir nun persönlich widerfährt. Alternder Schriftsteller zwischen zwei schon in die Jahre gekommenen Walküren! Das dürfte ich gar keinem

Fernsehredakteur erzählen. Er würde mich glatt für verrückt erklären. Egal! *Wählt wieder* Geh doch endlich ran, verdammt noch mal, du blöde Kuh. Wenn sie nur nicht so hübsch wäre. Allein die Dessous! - Ständig diese Verführungen! Diese Lüsternheiten, die die sexuelle Insuffizienz erst recht ans Tageslicht zerren. Das ist, als wenn sie vor einem wundervollen Mahl sitzen und vor Halsschmerzen keinen Bissen herunterbekommen. *Gibt es auf* Nichts. Es ist eine Katastrophe. Und jetzt lässt auch noch die Wirkung der Pille nach. Ich bin verloren! Eine zweite hält mein Herz nicht aus! – Verdammt, was passiert denn jetzt? – Halt, Halt!

Lichtwechsel

Anita Kokowanos als Gangsterbossin; Gerti und Lena als Gangster

Fadenschein wieder als Johnny

Musikalischer Akzent

Gangsterbossin

Hallo, Johnny! Das trifft sich gut.

Johnny

Du? Wo ist denn Abin el Akutse? Ich verhandle nur ...

Gangsterbossin

Lacht Kauf' ihm ein paar Blumen und besuch' ihn auf dem Friedhof. Er wird sich bestimmt freuen, so ein schlaues Kerlchen wie Dich wieder zu sehen. - Ich bin keine von diesen Heulsusen, Johnny. Ich hab' immer zugepackt. Von klein auf. Und mich vor allem gegen meine großen Brüder durchsetzen müssen. Das schult. Zehn Jahre Polizeidienst ebenfalls. - Du wolltest doch Akutse die Kleine vorbeischicken, dieses Provinzhäschen, Lena heißt sie, glaub ich. Du hast es ihm in die Hand versprochen. Absolut frische Ware. Ich habe da einige Banker, die auf Unschuld vom Lande stehen. Aber Du hast uns leider niemanden vorbei geschickt, so dass wir unseren Partnern von der Bank gegenüber in eine peinliche Lage geraten sind. Und das ist verhängnisvoll, Johnny. Das brauch' ich Dir wohl nicht zu sagen.

Johnny

Wieso? Ich hab' sie doch persönlich an der Pforte bei Euch abgeliefert.

Gangsterbossin

Eben nicht, Johnny, eben nicht. Meine Vermutung: Du hast Dich in die kleine verknallt, was bei diesen abgebrühten und emanzipierten Weibern durchaus zu verstehen ist, nur schlecht fürs Geschäft, Johnny. Außerdem hast Du Dich auf hinterhältige Weise in unseren Waffendeal mit den Spaniern eingemischt.

Johnny

Ich? Das ist eine verdammte Verleumdung. Akutse und ich hatten klar abgesteckte Areale. Und ich habe nur ...

Gangsterbossin

Ach, Johnny. – Haben wir Dich gewarnt oder nicht? Sind wir nicht immer faire Partner gewesen? Du hättest Philosoph bleiben sollen, Johnny. Wie du mir damals in der Jockeybar diese Phäno...-na, wie heißt das Dings denn noch?

Gerti

Phänomenologie des Geistes, Chefin ... Hegel.

Gangsterbossin

Genau! ...erklärt hast. Alle Achtung. Wirklich. Du hättest Philosoph bleiben sollen, Johnny. Alles geht im Weltgeist auf. Du jetzt auch, mein Schatz. - Feuer!

Die Bodyguards mähen Johnny um

Black-out

Lena hat ein blaues Auge und schleppt wieder ihren Koffer

Schluchzsong

Ach Johnny, ach Johnny,
wie hast du mich belogen.
Ach Johnny, ach Johnny,
wie hast du mich betrogen.

Ach Johnny, ach Johnny,
wie hab' ich dich doch geliebt,
ach Johnny, ach Johnny,
jetzt ist mein Herz so betrübt.

Ach Johnny, ach Johnny.
Alles an mir war doch dein.
Ach Johnny, ach Johnny,
du warst so roh und gemein.

Ach Johnny, ach Johnny,
alles an dir war so fein.
Ach Johnny, ach Johnny,
ich bin ja jetzt so allein.

Lena

Alter Hut, wo bist du? Die Albaner haben Johnny in einem Steinbruch erschossen. Das war Fadenscheins Rache. Er gab mir das Gefühl, selbstständig zu sein, und ich bin doch nur seine Schöpfung. - Hilf mir, alter Hut. Hilf mir!

Dr. Hut

Das wird nun schwer, meine Kleine. Ein altes Sprichwort sagt, wer nicht hören will, muss fühlen. Ohne deinen Schöpfer sind auch mir die Hände gebunden. Ich bin ja auch nur sein Produkt. Aber ich kann natürlich mit ihm reden. Im Augenblick ist er nur gerade in einer ziemlich prekären Situation. Er hat sich da leichtherzig in eine Zwickmühle manövriert.

Lena

Diese Walküren! Alte Schachteln! Vor denen er Potenzangst hat. Viagra schluckt. Wie lächerlich. Dass er sich in seinem Alter überhaupt noch mit denen abgibt. Und mir sind jetzt die Albaner auf den Fersen. Sie werden mich in ein Bordell verschleppen und zwingen, mit einem alten stinkenden Mann zu schlafen. Lieber sterbe ich. Ich mache nicht mehr mit, verstanden?! Wenn ich ins Bordell soll, schieße ich euch alle über den Haufen. *Öffnet den Koffer, entnimmt ihm eine Kalaschnikow. Gleichzeitig fällt ein Buch heraus. Weist auf die Waffe* Von ihm! Aus seinem Nachttisch. Kann nie schaden, dachte ich.

Dr. Hut

Mach dich doch nicht unglücklich, Mädchen. Ein solches Ding gehört nicht in die Hände einer jungen Frau.

Lena

Aber wenn ihr mich nicht leben lasst, ihr verdammten alten Säcke?! Mir keine Chance gebt! Wenn mein Leben sowieso keinen Sinn mehr macht, weil mich niemand braucht. Was soll ich denn dann Deiner Meinung nach tun, he? Meinen Körper verkaufe ich jedenfalls nicht an irgendwelche öligen Börsenspekulanten!

Dr. Hut

Ich verstehe Dich doch. Aber ich mache ja nicht die Politik. Bin nur ein fantastischer Magier, der im Sinne seines Meisters funktioniert. Und der ist ...

Lena

Ja, ja, ja, die Leier kenn' ich. Letztendlich fühlt sich niemand verantwortlich, sind immer die Anderen schuld. *Hebt das Buch auf aus Johnnys wilden Zeiten.* Da steht alles drin. Besetzung der Postämter, der Radiostationen, Banken und so weiter ...

Dr. Hut

Mit Waffengewalt erreichst du überhaupt nichts. - Entschuldige. Aber ich muss jetzt gehen! Die Walküren sind bereits im Anmarsch. Das gibt eine Gaudi, die ich mir nicht entgehen lassen will.

Lena

Feige! Nur ja nichts wagen! Immer schön brav. Aber großspurig Ratschläge erteilen. Mein Gott, wie traurig das Leben ist. Alles wird einem genommen. Alles! Alles!

Dr. Hut geht ab

Lena

Verschwunden. Wenn es brenzlig wird, verschwinden diese alten Typen. *Schreit* Dr. Hut, wo bist Du? Hilf mir doch! Dr. Hut! *Setzt sich wieder auf den Koffer* Wenn die denken, dass ich mich unterbuttern lasse, haben sie sich geirrt. Setzt eine rote Kappe auf. *Schreit* Rot Front! Völker hört die Signale! *Singt kurz an* Die Internationale erkämpft das Menschenrecht ...

Gleichzeitig erschallt „SA marschiert ..." Aus einem Lautsprecher. Lena duckt sich hinter ihren Koffer, lugt dann vorsichtig hervor.

Lena

Was die für schicke Uniformen haben! Und sie wollen ja auch nur unser Bestes. Fesch. Vielleicht sollt' ich's auch mal bei denen versuchen?

Lena nimmt die Rote Baskenmütze wieder ab, geht langsam von der Bühne.

Indessen ruft Gerti wie der Tod im Jedermann

Fadenschein! Fadenschein! Fadenschein!

Fadenschein

Mein Gott, mein Herz. Mein Herz! Das steh'
ich nicht mehr durch.

Fasst sich ans Herz, atmet schwer.

Anita Kokowanos ebenso wie Gerti

Robbilein! Robbilein! Robbilein!

Fadenschein

Jetzt ist die Katastrophe perfekt.

Mein Herz, mein Herz.

Ich sterbe! Ich sterbe!

Musik - Opernparodie

Fadenschein singt

Ich sterbe! Oh, ich sterbe.

Ich sterbe! Oh, ich sterbe!

Wie schwand das Leben mir so rasch dahin.

Ich sterbe! Ich sterbe!

Lena

Mein Gott, er stirbt!

Mein Schöpfer stirbt.

Mein Retter in der Not.

Erbarme Dich, Lieber Gott, erbarme Dich.

Fadenschein

Ich sterbe. Ich sterbe.

Mein Gott, ich sterbe.

Lena

Er stirbt.

Mein Schöpfer stirbt.

Er stirbt.

Fadenschein

Mein Herz, oh, mein Herz.

Ich sterbe. Ich sterbe.

Gerti läuft zu Fadenschein, beugt sich über ihn

Er stirbt. Oh, er stirbt!

Und unser Stück, Robbilein?! Unser Stück?!

Unsere Liebe, unser Glück?

Ach, Robbilein, Robbilein.

Unser Glück! Unser Glück.

Ach, Robbilein, Robbilein.

Wie ein Schrei Fadenschein!

Lena rauft sich verzweifelt die Haare

Mein Gott, er stirbt.

Mein Schöpfer stirbt.

Ich komme ins Bordell.

Ins Bordell.

Ich komme ins Bordell.

Anita Kokowanos

Er stirbt? Er stirbt?

Ausgerechnet heute?!

Stirbt er.

Stirbt!

Ausgerechnet heute!

Sieh mich an, Robbilein.

Sieh mich an, Fadenschein.

Sieh an, was Dir entgeht.

Die Früchte meines Körpers,

sieh sie dir an.

Ach, Robbilein.

Fadenschein,

ach!!!!

Singt Koloratur, die dem Lachen ähnlich ist

Anita Kokowanos

Das ist Pech, hahaha. Das ist Pech.

Das ist Pech, hahaha. Das ist Pech.

Gerti spricht wie in alten Stücken „zur Seite"

Diese Ziege.

Operndiva!

Aber hübsch für ihr Alter.

Das muss ich ihr lassen.

Schnuckelig.

Erotisch.

Diese immer noch spitzen, saftigen Brüste.

Dieser leidenschaftlich feurige Blick.

Diese Mimik, diese Gesten.

Oh, oh, oh.

Anita Kokowanos beugt sich ebenfalls über Fadenschein; sprechend

Ist er wirklich und wahrhaftig tot?

Gerti nickt

Anita Kokowanos

Tot!

Gerti schluchzt

Lena

Tot, mein Gott, tot.

Mein Schöpfer tot.

Gerti und Anita Kokowanos beugen sich über Fadenschein

Gerti und Anita Kokowanos

Er ist dahin, dahin.

Gerti

Und ach so bleich.

Anita Kokowanos

Erloschen, wie wir auch erlöschen werden.

Gerti schluchzt

Ich fass es nicht. Ich fass es nicht.

Anita Kokowanos zur Seite

Dieser kräftige Köper.

So sinnlich.

So verführerisch.

Dieser freiheitsliebende Blick.

Olala.

Zu Gerti

Beruhige Dich, mein Lieb', beruhige Dich.

Anita Kokowanos umarmt Gerti, die es willig geschehen lässt

Gerti

Unser Stück. Unser Stück!

Mein Gott.

Dass er ausgerechnet jetzt das Zeitlich segnet.

Ausgerechnet jetzt!

Mich schmählich im Stich lässt.

Anita Kokowanos

Beruhige Dich, mein Lieb', beruhige Dich.

Gerti sieht Anita Kokowanos lange an – musikalischer Akzent. Lichtwechsel. Beide „erkennen" sich

Dein Trost dämpft meinen Schmerz.

Dein Blick lindert meine Angst.

Und dennoch, bin ich

So einsam jetzt, so einsam.

Anita Kokowanos

Beruhige Dich, mein Lieb', beruhige Dich.

Sie streichelt Gerti

Gerti

Ach, das tut gut. So gut.

Nach diesen furchtbaren Stunden.

Gerti zieht Anitas Kopf zu sich heran.

Küsst sie aufs Haar.

Gerti

Ach, tut das gut. So gut.

Anita Kokowanos

Oh ja, das tut gut. So gut.

Lehn' Dich nur an mich.

Ich will Dir eine Stütze sein

In dieser schweren Stunde.

Gerti schluchzt. Anita Kokowanos hebt ihr Gesicht zu sich auf.

Beide sehen sich begehrlich an.

Lena

Mein Gott, was machen die denn da?

Kaum ist er tot, da ...

Ich komme ins Bordell, verdammt, ins Bordell.

Anita Kokowanos und Gerti küssen sich.

Lena schleicht sich indessen zu Fadenschein, beugt sich über ihn,

schluchzt

Hilf mir doch, mein Schöpfer, hilf mir doch!!!

Meine Seele brennt vor Schmerz..

Ich kann nicht mehr atmen.

Mein Blick ist getrübt.

Anita Kokowanos

Eigentlich ist er es nicht Wert,

dass wir um ihn trauern.

Ein guter Unterhalter, mehr nicht.

Aber eigentlich ein Esel.

Gerti

Ein Tölpel.

Anita Kokowanos

Rindvieh.

Beide gefallen sich in der Beschimpfung

Gerti

Alter Bock.

Anita Kokowanos

Blödmann.

Gerti

Mistkerl.

Musik

*Lichtspot auf Gerti und Anita Kokowanos, die
sich immer noch umarmt halten*

Beide singen

Dieser Mann, dieser Esel,
dieser Tölpel, dieser Stock,
dieses Rindvieh, dieser Blödmann.
Dieser Teufel, dieser Mistkerl.

Gerti, „zur Seite"
Ach, ich bin ja so allein.
Ach, ich bin ja so allein.
Will ja nur ein bisschen Liebe.
Will ja nur ein bisschen Liebe.

Beide
Dieser Mann, dieser Esel,
dieser Tölpel, dieser Stock,
dieses Rindvieh, dieser Blödmann.
Dieser Teufel, dieser Mistkerl.

Anita Kokowanos, „zur Seite"
Ach, mein Herz ist ja so einsam.
Schlägt nun traurig seinen Takt.
Ach, ich lieb' ja so die Liebe
Ach, ich lieb' ja so die Liebe.

Beide
Dieser Mann, dieser Esel,
dieser Tölpel, dieser Stock,
dieses Rindvieh, dieser Blödmann.
Dieser Teufel, dieser Mistkerl.

Beide küssen sich wieder

Lena

Verdammte Lesben! Er ist noch nicht mal
kalt, und sie knutschen sich schon ungeniert.

Gerti

Halt den Mund. Was verstehst du junges Ding
denn schon vom Leben.

Anita Kokowanos

Wenn Du älter wirst, wird Dir klar werden,
dass Du die Männer in der Pfeife rauchen
kannst.

Gerti

Dass sie allesamt Machos sind und keine Ah-
nung vom Körper der Frauen haben. Dass sie
lediglich Besamer, aber keine Liebhaber sind.

Anita Kokowanos

Zudem Langweiler. Eigentlich mit ihrem
Auto verheiratet.

Gerti

Schnarcher.

Anita Kokowanos

Muttersöhnchen.

Gerti

Verkappte Schwule. Ich habe das miterlebt. Zehn Jahre mit einem schwulen Mann zusammen. Das Schlimmste war seine Höflichkeit mir gegenüber und seine geradezu demütigende Intelligenz.

Lena

Klischees! Klischees! Klischees! Da kann ich euch andere Geschichten erzählen. Obwohl ich noch so jung bin. Von Liebe und Zärtlichkeit. Erfüllung in muskulösen Armen. Leidenschaftlichen Blicken, Aufmerksamkeit. Worten der Dankbarkeit, geflüstert im Augenblick der Wahrheit.

Gerti

Hör' dir dieses Küken an! Augenblick der Wahrheit. Was ist denn das, he? Was soll denn das sein? Orgasmus? Ha!

Anita Kokowanos

Lass uns gehen. Diese Diskussionen bringen ohnehin nichts. Gib mir Deine Hand. Sieh mich an. Oh, wie sich mein Körper nach Deinem verzehrt. Oh, wie mein Körper deinen begehrt.

Gerti
Ja, lass uns gehen. Lass uns gehen.
Auch ich sehne mich nach Deinem Körper, Deiner Zärtlichkeit und Liebe. *Schreit* Wir weinen Dir keine Träne nach, Fadenschein.

Beide ab mit „Dieser Mann, dieser Esel..."

Lena

Weiber! Lassen ihn hier einfach so liegen. - Mein Schöpfer. Mein Gebieter. Wach auf, ich bitte Dich, sonst ist auch meine Leben zu Ende, dieses kleine bisschen Leben, an dem ich so hänge. Ich will auch nicht unbedingt mehr ein Star werden. Es reicht, wenn ich einen Mann finde, der mich liebt, mich ab und zu in seine Arme nimmt und mir sagt, dass er mich braucht. - Ich werde immer schwächer, hilf mir, mein Schöpfer! Hilf mir. *Sie beugt sich über ihn, küsst ihn*

*Kurz darauf „erwacht" Fadenschein, erkennt
Lena*

Fadenschein

Lena!

Lena

Du lebst! Du lebst!

Fadenschein

Real bin ich tot. Nur in dieser Geschichte
stehe ich wieder auf. Für Dich. Um zu einer
Lösung zu kommen.

Lena

Und die wäre?

Fadenschein

Wenn ich das wüsste.

Lena enttäuscht

Keine Lösung?

Fadenschein

Niemand braucht Dich wirklich. Wir sind beide out. Du in Deiner, ich in meiner Zeit. In Deinem Zeitalter gibt es bald Krieg. Eine gewaltige Vernichtung wird über unser Land kommen. Welches Leben kann ich Dir also anbieten? Nur Tod und Vernichtung. Dann ist es besser, gleich zu sterben, findest Du nicht? *Er legt sich wieder hin*

Lena

Nein, nein, nein. Ich will trotzdem leben und nicht kalt unter der Erde liegen. Will alle Mühsal geduldig ertragen. Lass mich leben! Bitte. *Schreit* Leben!

Fadenschein

Das ist Wahnsinn.

Lena

Trotzdem. Ich will diesen Wahnsinn leben! Leben. Trotz aller Schwierigkeiten. Trotz Krankheit, Vernichtung, Tod und Elend. Ich will es leben, dieses Leben. Du hast mich erschaffen und nun sorge auch dafür, dass ich lebe und liebe. Ich will ein Kind. Ich habe ja noch gar nicht gelebt.

Fadenschein

Ich habe Dich gewarnt.

Lena

Steh auf. Bitte, steh auf. Und lass uns ein Stück des Wegs gemeinsam gehen. Komm.

Sie hilft ihm auf

Fadenschein

Wenn ich mich jetzt in einen jungen Mann verwandeln könnte. Aber so weit geht meine Fähigkeit leider nicht. Alt ist alt. – Schön, lass uns auf die Suche nach dem Leben gehen. Nach Glück und Zufriedenheit. Wir werden gemeinsam einen jungen Mann für dich suchen, der dir deine Wünsche erfüllt.

Lena

Ja, gehen wir auf die Suche nach dem wahren Leben und der wahren Liebe.
Trotz alledem.

Fadenschein

Trotz alledem.

Black-out